Klaus Vollmer

Chance und Krise
des Lebens

Hänssler-Verlag
Neuhausen-Stuttgart

Dieses Buch ist eine Veröffentlichung der
TELOS-Verlagsgruppe.
TELOS-Taschenbücher und TELOS-Paperback-Ausgaben
sind „zielbewußt", wegweisend und biblisch orientiert.
TELOS-Bücher wurden verantwortlich ausgewählt.

Gedanken aus folgenden Büchern liegen den Vorträgen zugrunde:

Karl Heim
Der christliche Gottesglaube und die Naturwissenschaft

C. F. Weizsäcker
Die Tragweite der Wissenschaft

Hermann Bezzel
Der 2. Glaubensartikel

Olaf Hanssen
Aus der Mitschrift einer N. T.-Matthäus Vorlesung

Hermannsburg 24. Juni 1972
Klaus Vollmer

ISBN   3 7751 0098—9

3. Auflage 1976
© by Hänssler-Verlag, Neuhausen-Stuttgart 1972
Alle Rechte vorbehalten
Umschlag-Gestaltung: Daniel Dolmetsch
Gesamtherstellung:
St.-Johannis-Druckerei C. Schweickhardt, 763 Lahr-Dinglingen
Printed in Germany · 14569/1976

Den deutschen Gemeinden in Südafrika

Inhalt

Vorwort

Diese Vorträge sind erstmalig in der Albanikirche in Göttingen gehalten worden.

Die Absicht war, in allgemeinverständlicher Weise, dennoch die Problematik des zweifelnden Menschen berücksichtigend, einen Weg zur Gewißheit des Glaubens aufzuzeigen.

Der Hänssler-Verlag bat um die Bänder, schrieb die Vorträge ab, um sie somit einem größeren Leserkreis zugänglich zu machen.

Vorliegende Vorträge erheben nicht den Anspruch, ein Buch zu sein, sondern wollen bewußt als gedruckte Rede gelten. Trotz einiger Korrekturen wurde der Charakter der Rede voll bewahrt.

Charles Finney hat einmal gesagt (Zitat dem Sinne nach): „Ein Bote des Evangeliums soll allen Menschen den Weg zum Leben zeigen, und dabei soll er allen den Ausweg zur Flucht vor Gott verbauen!"

Diesem Ausspruch des großen Evangelisten sollen die vorliegenden Vorträge folgen.

Unser Herr möge sich auch dazu bekennen.

Klaus Vollmer

Die Krise unserer Zeit

Darf ich Sie persönlich begrüßen und mit Ihnen die Spielregeln absprechen, mit denen wir uns hier zusammen ins Benehmen setzen wollen. Sie wissen, wenn man in den Autoverkehr hineingeht, muß man vorher die Spielregeln kennen, sonst gibt's eine Karambolage nach der anderen. Ich halte dafür, daß für ein solches Unternehmen wie dieses es wichtig ist, daß man es vorher auch tut. Wenn man sich nicht daran halten will, soll man zumindest wissen, wer dann schuldig ist, wenn es zum Zusammenstoß kommt.

Wir wollen miteinander nachdenken. Das Schwierige beim Nachdenken ist, daß die meisten unter uns gar nicht daran denken nachzudenken; mit uns meine ich jetzt unsere Zeit. Und zwar geht das nach folgender Melodie:

Da kommt jemand in einen Vortrag und hat eine ganz bestimmte Meinung. Jetzt erwartet er, daß der Referent dem nachgeht. Wenn der Referent dann genau diesem Vorgegebenen nachgegangen ist, sagt er anschließend: Das Referat war gut. Er hat aber nichts anderes erlebt als einen Monolog, eine Selbstbestätigung.

Es wird also die Schwierigkeit darin liegen, daß wir uns miteinander auf einen Dialog einstellen. Das bedeutet: Ich gehe jetzt nicht Ihnen nach — dann hätten Sie mich ja gar nicht zu holen brauchen —, sondern Sie denken dem nach, was ich Ihnen vorlege.

Natürlich, bei einem solchen Vorgang brüllt alle Welt sofort über autoritäre Strukturen. Das ist aber Unsinn. Erst wird eine Position vorgelegt. Ob das wahr ist oder nicht, ist ja eine ganz andere Frage. Dann bitte ich Sie zunächst, nichts anderes zu tun, als mitzugehen und darüber nachzudenken. Und wenn jemand sagt, ich habe keine Lust, über etwas anderes nachzudenken, dann kann er es bleiben lassen. Wir haben ja Religionsfreiheit! Nur wenn wir nicht umsonst hier sein wollen, dann müssen wir diese Spielregeln so einhalten.

1. Von der Krise

Wenn wir von Krise reden, dann lassen Sie mich zunächst definieren, was ich unter diesem Wort in unserem Zusammenhang verstehen möchte.

Eine Krisensituation wird dadurch angezeigt, daß etwas, das bisher als zuverlässig galt, nun durch irgend etwas erschüttert wurde. Das bedeutet, daß man nun der Zukunft nicht mehr so ganz unerschüttert entgegensehen kann.

Dies wäre eine kurze Definition dessen, was ich unter Krise verstehe. Zum Beispiel sagt man: „Früher, da waren die Jugendlichen . . .", und dann wird gesagt, wie die waren. Heute ist das alles anders, und dann wird die erschütterte Situation, in der die Pädagogik heute steckt, gezeigt. Darum, so sagt man, steht die Pädagogik in der Krise.

Oder die Theologie: Sie war früher geordnet, verpflichtend und biblisch zuverlässig. Die Zeiten sind vorbei. Wir haben z. B. heute viele Auffassungen von der

Auferstehung Jesu, und an jeder Kirche sind mindestens zwei Pastoren, die vier verschiedene Meinungen zum Evangelium haben. Etwas Genaues weiß man nicht. Wir stehen folglich in einer theologischen Krise. Oder nehmen Sie die Psychologie: Ein Bekannter von mir, der selbst Psychologe ist, sagte zu mir: Wir stehen augenblicklich in einer sehr großen Krise. Früher meinte man, daß man wüßte, was Seele sei. Das ist aber heute, angesichts der neueren Forschung in der Genetik z. B., stark erschüttert. Es ist gut, meinte er, daß es noch keiner weiß, sonst kämen bestimmt weniger zum Psychologen. Es kriselt überall.

Die Zwanzigjährigen stehen in einer Lebenskrise, weil sie ihre Kindheit verlassen haben und nun in die sogenannte festgefügte Welt der Erwachsenen kommen und feststellen müssen, daß es diese festgefügte Welt nicht gibt. Die Kinder werden nur älter, aber nicht gefestigter. Der Vierzigjährige steht in einer großen Lebenskrise, weil er seine Lebensfragen nicht beantwortet bekommen hat und plötzlich merkt: Das ganze Leben zerrinnt mir unter den Händen.

Der Fünfundsechzigjährige steht in einer Lebenskrise, weil er aus dem Produktionsprozeß herausgenommen wird. Nun steht er plötzlich da und weiß nicht, wozu er eigentlich das ganze Leben gelebt hat.

So sind überall erschütterte Positionen. Früher schien das mal anders gewesen zu sein. Jetzt aber stehen Menschen vor dem Problem: Wie wollen wir weitermachen? Das verstehe ich unter Krise.

2. Die Krise in der Kirche

Wenn wir heute von der Krise in der Kirche reden, dann lassen Sie mich zunächst mit einigen der äußerlichen Daten beginnen. Wir haben zur Zeit in der Bundesrepublik einen Kirchenbesuch von 5 Prozent. In Niedersachsen sind es 3 Prozent, und trotz mehrfacher Aufforderung, wieder in die Kirche zu kommen, werden es immer weniger. Die katholische Kirche hielt ein Konzil ab, und das konnte nicht gerade als ein Zeichen von Stärke verstanden werden. Der Papst reist, um seine geschwächte Kirche wieder mehr zu stärken. In der evangelischen Kirche versucht man, eines nach dem anderen zu tun, um die Menschen wiederzugewinnen. Dabei wird man so modern, daß es fast grotesk wird.

Aber das alles sind im Grunde genommen Zeichen einer Krise. Es wackelt überall. Die Sache des Christentums ist tief erschüttert worden.

Und nun lassen Sie mich dazu einiges an Gründen und Hintergründen und Folgen sagen! Wenn Frau Sölle sagt „Gott ist tot!", anders formuliert, „Gott trägt nicht mehr!", dann hat sie ja an einem Punkt bestimmt recht. Die Sache mit Gott ist für den Menschen weithin vorbei, ist nicht mehr existent, trägt sein Leben nicht mehr durch. Die Sache mit Gott in dem bisherigen Verständnis ist für den Menschen erledigt und tot.

Wenn man heute jemanden fragt: „Wie ist das eigentlich mit Ihrem Gebet?", dann sagen mir Leute, die regelmäßig zur Kirche gehen: „Wissen Sie, Herr Pastor, so unter uns gesagt, wir kommen langsam selbst ins Schleudern!"

Und wer so ein bißchen ins Weltall hineinguckt, der kann wirklich ins Schleudern kommen, angesichts der Milliarden Lichtjahre. Man schaut immer weiter, und plötzlich ist da gar kein Himmel mehr, sondern nur noch ein schwarzes Loch, eine Eiseskälte. Der Globus rast, die Sonne umkreisend, durchs Weltall, und kein Mensch weiß wohin.

Da kann man schon merkwürdige Gedanken kriegen. Wo soll man sich Gott denn nun vorstellen? Kann man sich aber Gott nicht mehr vorstellen, dann werden sich andere sichtbarere Dinge vor Gott stellen. So fällt Gott langsam aus und weg. Und seien wir ehrlich: Er ist uns in Europa abhanden gekommen, in Amerika, in den weitesten Teilen der Welt geht es ebenso. Wenn Gott abhanden gekommen ist, wenn die Sache um Gott nicht mehr trägt, wenn die Gebete die Leidenschaft nicht mehr haben, weil man im Grunde genommen gar nichts mehr davon erwartet, wenn Abendmahl, Konfirmation, Taufe, Trauung, Gottesdienst und Predigt nur noch Formalitäten sind, die man, ich weiß nicht aus welchem Grunde, einfach über sich ergehen läßt, dann ist damit auch eine andere Aussage gemacht, nämlich: Es gibt nichts Gültiges mehr. Und das hat aufregende Folgen.

3. Die Krise in der Kultur

Wenn Gott wegfällt, fällt das Gültige für das Leben weg. Und dies ist eine kulturgeschichtliche Krise. Ich darf ganz kurz die Konsequenzen dazu ziehen: Wenn Gott wegfällt, dann ist der Weg offen, alles zu relativieren. Die Betonung liegt auf *alles* und *relativieren*.

Und das heißt auf gut deutsch: Es gibt keine „Ist-Aussage" mehr. Man kann nicht mehr sagen: „So ist das!", sondern nur noch: „Das kann man so und auch anders sehen." Jede Position, die gesetzt wird, kann folgerichtig auch sofort relativiert werden.

Wir befinden uns nicht mehr in der Nähe des Allerheiligsten, also nicht mehr in der Nähe einer letztgültigen Instanz, sondern unter uns. Und ein Mensch ist so relativ wie der andere.

Damit ist gesagt, ein Mensch kann genauso irren wie der andere, und eine Meinung kann so richtig sein wie die andere. Vielleicht sind auch beide richtig. Auf jeden Fall weiß man das nicht mehr genau.

Wenn ich jetzt von unserer Zeit rede, dann nehmen Sie bitte dieses Verständnis unserer Zeit immer mit hinein: Alles wird relativiert und in Frage gestellt. Dies geschieht nicht, weil die Leute böswillig sind, sondern weil sie in ihrem Zeitgefühl sagen müssen: „Was soll's denn? Warum z. B. soll man jeden Sonntagmorgen um die und die Uhrzeit zum Gottesdienst? Kann man das nicht auch ganz anders machen? Warum denn unbedingt in die Kirche, warum denn unbedingt mit einem Talar, warum denn unbedingt in dieser feierlichen Stimmung? Warum überhaupt Gott? Das kann man doch alles auch ganz anders denken und machen."

Und ich darf Sie noch einmal bitten, das nicht als Schlechtigkeit der Menschen abzutun, sondern das ist alles die Folge einer ganz bestimmten Lebenshaltung unseres Jahrhunderts. Man kann überall sein Fragezeichen setzen. Ich will jetzt nicht die geschichtlichen Gründe aufzeigen, sondern nur aufzeigen, daß das

Fehlen einer Gottesaussage die Relativierung aller Lebensaussagen zur Folge haben muß.

Denken Sie auch an das sittliche Verhalten: Wenn heute in der Ethik jemand sagt, dies und jenes müsse man tun oder lassen, erklärt Ihnen jeder 15- bis 16jährige: „Wieso denn, das kann man alles auch ganz anders machen. Voreheli cher Verkehr, wieso ist das verboten?" Oder man denke an das Thema Verlobungszeit! Dazu würden viele junge Leute sagen: „Die Zeiten sind doch vorbei, Verlobung und Hochzeit fallen bei uns sowieso zusammen. Daß wir uns nebenbei noch zum Standesamt begeben, sind letzte Konzessionen, die wir an die Gesellschaft von gestern machen." Oder denken Sie an die berühmte, vielgeschmähte Sexwelle. Meine lieben Freunde, seien Sie da ein bißchen nachdenklicher: Dahinter steckt nicht nur eine böswillige Unanständigkeit; hier wird auch ein Tabu relativiert, so wie überall alle Tabus in Frage gestellt werden. Man weiß nämlich nicht mehr, von wo her man Sexualität beurteilen soll und wie man Sexualität gestalten muß. Der eine Wissenschaftler äußert sich so, der andere Wissenschaftler anders. Das geht dann wie in der Apostelgeschichte. „Die einen schrien so, die anderen schrien anders. Zum Schluß wußte kein Mensch mehr, weshalb man zusammengekommen war" (Apg. 19, 32).

Das Lebensverständnis läuft heute so: Wenn einer meint, er müßte keusch und züchtig leben, dann wird der andere ihn keusch und züchtig leben lassen; wenn aber ein anderer sagt, er wolle sich ausleben, dann hat man ihm da nicht dreinzureden. Hauptsache ist, er läßt den anderen in seinen vier Wänden in Ruhe. Nur bitte ich Sie, sich jetzt nicht zu erheben und zu sagen: „Das ist ja schrecklich." Denken Sie lieber über diesen inneren Zusammenhang nach: Wenn eine letzte Instanz wegfällt, wenn man sich nicht mehr auf einen festen Punkt beziehen kann, dann kommen alle anderen Dinge automatisch ins Rutschen. Das ist dann nicht Schlechtigkeit, wenn die Leute rutschen, sondern das ist die fehlende Instanz, die die Leute rutschen läßt.

Oder denken Sie an die Bibel. Über sie kann man die merkwürdigsten – merkwürdig im positiven Sinne, das soll man sich ruhig merken, so würdig ist das – Ansichten hören. Es gibt Leute, die halten die Bibel für absolut, d. h. als ein vom Himmel gefallenes Gottes Wort; und andere können sich nur wundern, daß man so merkwürdige Ansichten früherer Menschen überhaupt noch liest.

Für die einen ist also die Bibel heiligstes Wort Gottes, für die anderen ist sie ein menschliches Geschichtsbuch, wie alle anderen auch. Das Urteil der Zeitgenossen: Man kann es so sehen, man kann es aber auch alles ganz anders sehen.

Oder denken Sie an die Frage nach der Gerechtigkeit, nach der Rechtsprechung. Fragen Sie heute mal einen Juristen, wie schwierig es geworden ist, heute noch das Recht zu sprechen. Lassen Sie mal jemanden auf die Anklagebank. Zuerst wird er verdonnert, dann kommt der Sachverständige und sagt: „Hören Sie mal zu, meine Herren Richter, das kann man alles auch ganz anders beurteilen. Ob der wirklich schuldig ist, weil er ein paar Leute umgebracht hat, das ist doch die große Frage. Wahrscheinlich hat er gar keine Schuld." Und dann wird die Sache auseinanderdividiert, und zum Schluß sind es die Eltern, oder ist es die Verwandtschaft, oder die Gesellschaft, die eigentlich schuldig sind. Folglich muß die Gesellschaft ins Gefängnis und nicht der Verbrecher.

Verstehen Sie mich bitte recht. Ich stelle das hier nur fest! Weil eine letzte Instanz fehlt, kann alles relativiert werden. Ist die Frage nach Gott ungelöst, dann werden auch alle Fragen des Lebens nicht mehr gültig beantwortet werden können. So ist die Krise um Gott letztlich eine Krise, die die gesamte Kultur durchzieht, und nichts bleibt von dieser Krise verschont.

4. Die Krise in der Lebensgestaltung

Lassen Sie mich das einmal mit folgendem Wortspiel sagen.

Haben wir keinen inneren Gehalt, dann fehlt uns auch die mögliche Gestalt. Anders gesagt: Bin ich gehaltlos, dann bin ich auch gestaltlos. Und die Gestaltlosigkeit reicht bis in die kleinsten Gebiete des persönlichen Lebens. Man kann weder ein Fest gestalten noch das Zusammenleben in einem Studentenheim, noch sein eigenes Zimmer in eine richtige, lebenentfaltende Ordnung bringen.

Oder denken Sie an die Gestaltung unserer Gemeinden und Jugendkreise. Von Treue und Verbindlichkeit darf nicht mehr gesprochen werden, von Zucht und Pünktlichkeit zu reden gehört bereits einer autoritären Struktur an. Die Gestaltlosigkeit wird heute Freiheit genannt, sie ist aber zutiefst Chaos! Wo immer heute Gemeinde entsteht, zerbricht sie an der Unordnung und der Gestaltlosigkeit. Man kann sich nicht mehr auf eine Form einigen.

Der Grund liegt in der fehlenden verbindlichen Wahrheit einer letzten Instanz. Es genügt also nicht, an die Unordnungen in den Gemeinden und Jugendkreisen oder Studentenkreisen heranzugehen, sondern es bedarf einer letzten Wahrheit, die in der Lage wäre, wieder Gestalt zu entfalten. Fehlt aber diese Wahrheit, und das ist ja die Krise unserer Zeit, dann kann man umsonst auf Gestaltung warten. Es scheint so zu sein, als wenn nur noch eine Macht in der Lage wäre, Ordnung herzustellen. Aber wenn Macht eingesetzt werden muß, um Ordnung herzustellen, dann ist gerade damit die Krise zutiefst angezeigt! Es gibt keine Gestaltung mehr von innen, sondern es gibt nur noch eine Gestaltung durch den Zwang der Gewalt.

5. Die Sinnlosigkeit

Die nächste Folge einer fehlenden letzten Instanz liegt darin, daß man nicht mehr weiß, von woher man das Leben begreifen soll und wohin das Leben zielt. Die Frage, die aufbrechen muß, heißt: Ist das Leben Zufall oder gewollt? Wenn es keine letzte Instanz gibt, gibt es auch keinen letzten Ursprung. Gibt es auch keinen Ursprung, dann wissen wir auch von keinem Ziel. Gibt es kein Ziel für den Menschen, für die Erde oder für den ganzen Kosmos, dann gibt es auch für nichts einen Sinn! Ist aber Sinnlosigkeit der Preis des verlorenen Gottes, dann begnadigt uns kein Gott mehr, sondern dann terrorisiert uns der Mensch. Denn nichts ist so unheimlich für den Menschen, als sinnlos leben zu müssen! Sinnlosigkeit gebiert Angst, Angst aber gebiert immer den Terror. Fällt die Letztaussage weg, fällt die Wirklichkeit Gottes weg, dann kann ich nichts anderes mehr sagen, als daß mein Leben auf jeden Fall nicht mehr eingeordnet werden kann. Es ist also genauso sinnlos und zufällig wie alles andere auch. Und das hat weitere Konsequenzen. Bitte hören Sie genau zu: Ein Mensch, der zufällig und sinnlos lebt, wird sich letztlich nie und nirgendwo mit Liebe engagieren können. Denn er fragt sich: Wozu denn? Wozu soll ich mich denn engagieren, wozu lieben, wenn das Ganze sowieso keinen Sinn hat? Die Gestaltung eines Lebens, das sich nicht mehr liebend hingeben kann, sieht entsprechend aus.

Ich darf Ihnen ein Bild malen. Stellen Sie sich vor, Sie fahren mit einem Zug. Dieser Zug, nehmen wir einmal an, es ist der beste Zug, den wir in der Bundesrepublik haben, es ist der TEE. Dieser TEE fährt mit 160 Kilometern pro Stunde in eine bestimmte Richtung. Sie sind jetzt der einzige Reisende, der weiß, in 25 Minuten nähert sich der TEE einem Abgrund und rast donnernd auf die 4000 Meter Tiefe zu. Sie sind also der einzige, der weiß, daß das Ganze jetzt im Nichts endet. Im selben Augenblick, wo Sie das wissen, ist die ganze Reise, die Sie tun, in sich sinnlos.

Das heißt, das Ziel Ihrer Reise bestimmt auch Ihr Verhalten. Wenn Sie nun sagen, der TEE-Zug rast in den Abgrund, also mein Leben rast irgendwo ins Dunkel, in den Tod hinein, und der Tod, nicht Gott, ist letzte Instanz, dann muß ich wissen, daß ich damit ebenfalls für mein ganzes Leben ein entsprechendes Maß bekomme.

Ich darf das weiter ausmalen: Wenn ich weiß, daß wir in 25 Minuten in den Abgrund rasen, und der Schaffner käme zu mir und würde sagen: Wir wollen pünktlich sein, dann würde ich antworten: Sie reden Unsinn! Ob wir jetzt noch pünktlich sind oder nicht, macht doch im Grunde genommen die Sache nicht sinnvoller. Und wenn ich in den Speisewagen käme, und der Ober sagte mir, ich solle mich anständig benehmen, dann würde ich sagen: „Warum soll ich mich angesichts der Katastrophe noch anständig benehmen?"

Darf ich Sie bitten, diesem Zusammenhang Beachtung zu schenken: Als Hitler wußte, daß die Geschichte schiefging, hat er gesagt: „Warum soll ich dann nicht alle mit hinunterreißen?" Das ist eine innere Logik. Wenn ein Mensch sieht, das Ganze hat keinen Sinn, und er letztlich nicht weiß, wozu das Leben noch da ist, dann kann und muß er auch sein und aller Menschen Leben mit diesem Nein und Nichts belegen und wertlos bestimmen! Dieser Nein- und Nichtsgehalt muß zutiefst das ganze Leben erfüllen. Dieser Gehalt wird sich in allen Bereichen seelisch, geistig und auch leiblich auswirken müssen. Wer an dieser Stelle Augen hat zu sehen, der sehe sich in unserem Volk und in den Zimmern der Psychotherapeuten und Ärzte um.

Im letzten Semester nahmen sich hier, wie ich mir habe erzählen lassen, sieben Studenten das Leben. Einer schrieb noch: „Das Ganze hat keinen Sinn mehr, ich weiß überhaupt nicht, was das soll." Dieser Student hat im Grunde genommen nichts anderes getan, als konsequent zu Ende gedacht. Angstneurosen sind erkannte Sinnlosigkeit.

Wir sind zufällig, folglich können wir uns auch zufällig verhalten. Wir können sexuell leben, wie wir wollen, wir können essen und trinken, was wir wollen, und wir können uns auch das höchste Gut, das wir haben, nämlich unser eigenes Leben, nehmen, wann wir wollen.

Das alles sind Konsequenzen, die von dieser Voraussetzung gespeist werden: Es gibt keine letzte Instanz. Das ist die Krise, und sie geht zutiefst durch alle Fachbereiche unseres Lebens hindurch. Wenn Sie an dieser Stelle ehrlich sind, können Sie sich selbst, Ihren Nachbarn, oder wen immer Sie wollen, fragen: „Was soll eigentlich dieses ganze Leben? Wo ist eine Instanz, an der ich mich letztlich orientieren kann?" Sagt nun der andere: „Ich weiß es nicht", sieht das Leben entsprechend aus. Selbstentfremdung ist jetzt kein Schlagwort mehr, sondern zeigt die tiefe Heimatlosigkeit des Menschen an: Er weiß nicht mehr, wo er hingehört, von woher er kommt und wohin er geht. Die Sehnsucht bleibt ungestillt. Sie wird zum zwingenden Thema des Lebens. Folglich, wenn man dem Menschen helfen will, dann darf man nicht die Folgen dieser Krise behandeln, sondern man muß den Hintergrund angehen: den verlorenen Gott!

Ich halte es einfach für lachhaft, wenn einige Leute meinen, man müßte den Jugendlichen beim Thema Hasch nur ein paar anständige Psychotherapeuten zur Seite stellen, dann würde das Problem schon gelöst. Was die junge Generation braucht, ist eine letzte Instanz, um dessentwillen zu leben sich lohnt. Aber eben weil das fehlt, wird nach allen möglichen Aufputschmitteln gegriffen, ganz egal in welcher Form, nur um jene Betäubung zu erreichen, die man erreichen muß, um nicht zu erkennen, daß im Tiefsten das ganze Leben, ja die gesamte Geschichte sinnlos ist.

Und das darf ich Ihnen noch sagen, bevor ich zum nächsten komme: Es geht eine heimliche Schlacht durch unser ganzes Volk, von der die Psychotherapeuten und wir Seelsorger Schauderhaftes zu sagen wissen. Man versucht, mit letzter Konsequenz aus diesem Leben noch einen Sinn herauszuholen, ja, herauszupressen! Und es gelingt nicht. Es fehlt eine letzte gültige Instanz. Es gibt Leute, denen fällt zum Schluß dann nichts anderes mehr ein, als sich einen eigenen Gott zu machen. Nur klappt dies auch nicht, denn die selbstgemachten Götter sind immer kleiner, als man selbst ist. Und noch nie hat man den selbstgemachten und selbstgedachten Göttern geglaubt! Hier liegt die Krise!

6. Die Gottesfrage

Damit stehen wir vor der eigentlichen und wahrscheinlich atemberaubendsten Feststellung: Die Frage nach Gott ist die eine Frage, von der alles Leben beantwortet wird. Anders formuliert: Die Gottesfrage und die Lebensfrage hängen so zusammen, daß die Antwort auf die Gottesfrage gleichzeitig die Antwort auf die Lebensfragen nach sich ziehen muß. Wer das nicht sieht, hat die einfachsten Zusammenhänge nicht begriffen!

Was haben wir unter dieser Gottesfrage zu verstehen? Ich möchte das einmal so formulieren: Der Mensch hat niemals die Erfüllung seines Lebens in sich, sondern er hat die Erfüllung seines Lebens außer und damit vor sich. Ein junger Mensch würde z. B. mit 17 Jahren nie sagen: „Jetzt ist der Höhepunkt des Lebens!" Und wir erwarten alle das Leben in vielfältiger Weise. Auf jeden Fall erwarten wir die Erfüllung, dieses Unbestimmte, welches Blaise Pascal das „namenlose Etwas" nannte, in der Zukunft. Wir wissen noch nicht, was es ist, wir wissen nur, irgend etwas muß noch kommen, wenn das Leben erfüllt sein soll.

Dazu dieses Beispiel: Der Vater fragte seinen Sohn, der sein Abitur gemacht hatte: „Na, mein Junge, wie ist dir denn jetzt zumute?" Der Junge antwortete: „Vater, ich glaube, jetzt bin ich ein Stück weiter." – „Ja, bist du am Höhepunkt oder geht es weiter?" – „Jetzt studiere ich." – „Und dann?" – „Na ja, wenn ich dann fertig bin, dann ..." Und dann zeigte der Sohn Station um Station auf, wobei immer deutlich wurde, daß er ein Stück Leben erwartete, es nicht fand und es in der nächsten Station erwartete. Irgendwann muß die Erfüllung ja kommen.

Und genau das ist das große Thema unseres Lebens: Wir erwarten, daß irgend etwas kommt, von dem wir sagen könnten, dies ist das höchste Gut. Das höchste Gut aber ist immer das, wofür sich zu leben und wofür sich zu sterben lohnt. Wir könnten anders formulieren: Das höchste Gut ist die Frage nach Gott. Denn Gott und Gut gehören zunächst einmal schon sprachlich zusammen. Wir erwarten das Allerhöchste, das allerletzte Gut, wofür sich zu leben und auch zu sterben lohnt. Und daraufhin werden wir unser Leben ausrichten.

Diese wartende Haltung, nehmen Sie das bitte mit, diese Hingabe, um dieses letzte Gut zu erleben, das nennen wir die „religiöse" Haltung eines Menschen.

Religiosität hat zunächst nichts mit dem Himmel oder derlei Dingen zu tun, sondern „religiös" ist die tiefe Erwartung und die Hingabe auf das letzte Gut, das in mir und außerhalb von mir liegt. In mir liegt es nicht, dieses Gut zu bekommen. Doch bin ich unterwegs, dieses eine Gut zu erwarten. Hierhin gehört das Wesen der Sehnsucht: Wir sehnen uns alle nach letzter Erfüllung. Wir sehnen uns nach dem letzten Gut, nach Gott. Das ist unser heimliches Thema.

Da gibt es Menschen, die sagen, wenn ich das und das habe, dann habe ich auch die Erfüllung. Sie sagen es nicht laut, aber sie meinen es so. Wenn ich erst einmal, dann... Wenn ich erst einmal ins Studium komme, dann... Wenn ich erst einmal selbst verdiene, dann... Wenn wir erst einmal verlobt sind, dann... Wenn erst einmal die Kinder kommen, dann... Wenn die Kinder erst einmal aus dem Haus sind, dann... Bis man 65 ist, dann sagen plötzlich Vater und Mutter: „Weißt du noch, damals..." Und dann reden sie genau über dieselbe Zeit, in der sie damals gesagt haben: „Wenn wir erst mal..." Und nie wurde das Leben von letztem Gut gefüllt. Die Sehnsucht blieb ungestillt, man blieb ohne „Gott".

Halten wir also diesen Satz fest: Es gibt keinen Menschen, der nicht unterwegs wäre, um seine Gottesfrage zu lösen. Es kann kein Mensch leben, ohne nicht von irgendwoher ein letztes Gut zu bekommen. Das höchste Gut ist immer nur das, wofür ich sterben könnte. Danach sind wir unterwegs! Denn erfülltes Leben kann nur der haben, der etwas hat, wofür er auch sterben kann. Ein Mensch kann nur dann von gestillter Sehnsucht in seinem Leben reden, wenn er sagen kann: Ich habe gefunden, wofür es sich lohnt zu sterben. Wenn ich mir einige Leute anschaue, die heute großen Mund riskieren und so tun, als wollten sie die Welt erneuern, und ich frage sie, ob sie bereit seien, dafür zu sterben, und erfahre, daß diese Knaben noch nicht einmal bereit sind, dafür das Rauchen aufzugeben, dann glaube ich denen nichts und gehe meiner Wege!

Lassen Sie mich noch auf einen inneren Zusammenhang hinweisen: Die Unruhe der jungen Generation entsteht zwischen 16 und 23 Jahren. Diese Unruhe ist im tiefsten Sinne der aufgebrochene Acker, der nach Saat schreit. Das geschieht im Leben nur einmal, und wehe, ein junger Mensch bekommt jetzt keine genaue Antwort, wofür sein Leben sich lohnt! Dann bleibt er genauso ein Leben lang verkorkst und innerlich unerfüllt, wie dies bei Millionen Erwachsenen der Fall ist. Denn ab 23 Jahren hat man keine Lust mehr, weiter zu fragen. Da begibt man sich in die Ruhe der Ehe, da freut man sich, wenn man sein Berufsziel erreicht hat, und baut sich dann anschließend sein Häuschen usw. Sie können auch sagen, man kommt auf die stumpfe Straße, auf der im Grunde nichts mehr passiert, als daß man dahinvegetiert, man erwartet nichts mehr, man läßt alle Hoffnung fahren.

Sie gestatten mir, das sehr persönlich zu sagen: Es gehört für mich zu den aufregendsten Augenblicken in der Seelsorge, wenn ältere Menschen kommen und sagen: „Wissen Sie, wir haben auch mal leben wollen. Wir haben auch mal gelechzt nach einem Leben, das sich lohnte, sich für irgendeine große Sache hinzugeben. Wir haben mal gedacht, damals im Dritten Reich ... Es waren alles große Sehnsüchte, die wir hineingebracht haben. Wir haben mal gedacht, beim Wiederaufbau nach dem Krieg . . . Aber es ist alles im Tiefsten nichts gewesen."

Dann kommen die älteren Menschen und fragen: „Was hat dieses eine Leben uns gebracht? – Im Grunde genommen war es nur eine einzige Enttäuschung!"

Und darf ich in Richtung der jungen Generation sagen: Ich bitte Sie, ob Sie mir nun in den einzelnen Dingen glauben und folgen oder nicht, das will ich jetzt gar nicht wissen, nur eines bitte ich Sie: Gehen Sie der Leidenschaft nach dem letzten Gut nach und ruhen Sie nicht eher, bis Sie den Punkt, den Inhalt erlangt haben, von dem Sie sagen können, dafür bin ich bereit zu leben, und dafür bin ich bereit zu sterben. Erst dann leben Sie identisch, denn darauf sind Sie zutiefst angelegt! Dann folgt etwas sehr Großes: Menschen, die erfüllt sind, die identisch leben, die also wissen, wofür sie leben und sterben können, solche Leute können Großes leisten und brauchen merkwürdigerweise kaum noch Urlaub. Jeder Psychologe kann Ihnen das klarmachen. Erfüllte Menschen erfahren eine ungeheure Kraft. Sie können arbeiten bis zur Erschöpfung, weil das Leben heil geworden ist. Hier liegt auch der Grund, warum in den Gewerkschaften heute dafür plädiert wird, daß der arbeitende Mensch mehr Freizeit bekommt. In seiner Freizeit soll er wenigstens ein Stück identisch leben können. Der erfüllte Mensch ist höchst schöpferisch tätig. Das ist das ganze Geheimnis. So gehört die Gottesfrage wiederum zu Ihrer höchst persönlichen Angelegenheit.

Machen Sie sich bitte an diesem Punkt die Sache nicht leicht. Ich weiß jetzt, was ich tue, wenn ich Sie auffordere, sich einmal selbst zu lieben. Sich selbst lieben heißt: Ich will erst einmal das höchste Gut für mich bekommen, um dessentwillen es sich lohnt, ein ganzes Leben lang zu leben und zu sterben! Dann gilt auch: Wer sich so liebt, der kann dann auch andere lieben. Anders formuliert: Wer dem letzten, höchsten Gut sich aussetzt, der wird auch anderen Menschen das letzte Gut gönnen wollen. Und einen Menschen lieben heißt: ihm höchstes Gut gönnen, damit er weiß, wie er und wofür er leben und sterben kann! Alles andere Reden von Liebe ist unsachlich und unsinnig.

An dieser Stelle kann man fast, ich wage das hier einmal zu sagen, alle Probleme des menschlichen Lebens, soweit sie diese Sphäre betreffen, aufschlüsseln. Man kann einen ganzen Prozentsatz von Krankheiten seelischer und leiblicher Natur von dieser Stelle her erklären. Man kann nachweisen, daß junge und ältere Menschen darum müde, lustlos und unzufrieden sind, weil sie genau an dieser Krise zugrunde gehen.

Man kann auch nachweisen, daß Menschen darum keine Lust mehr haben, zur Kirche zu kommen, keine Hoffnung mehr haben, überhaupt noch Diskussionen zu führen, weil sie es viele Male versuchten, und das letzte lohnende Gut haben sie weder in der Kirche noch in den Gemeinden, noch in den verschiedensten Kreisen finden können.

7. Die Antwort auf die Gottesfrage

Damit komme ich zum Anzeigen einer Lösung. Jetzt sagen sicher einige: „Aha, das war die Analyse, und nun kommt die Bibel."

Nehmen Sie bitte das mit: So zu reden, ist nicht

nur arg billig, es wäre auch dem Neuen Testament nicht gemäß. Nein, die Sache wird viel sachlicher und härter, als einige meinen.

Darf ich Sie bitten, in Gedanken noch einmal mitzugehen: Wenn also der Mensch keine letzte Instanz hat und dennoch nach letzter Instanz fragen muß, und dies halte ich von der Struktur her gesehen für verbindlich, das heißt, es stimmt für jeden von uns, dann heißt die Frage: Gibt es denn nun wirklich eine letzte Instanz, um derentwillen ich mich hingeben kann? Anders ausgesprochen: Gibt es denn einen Gott oder gibt es keinen? Gibt es keinen, dann muß ich ein Leben lang diese Krise durchmachen oder muß mir eine letzte Instanz zusammenbasteln, der ich letztlich sowieso nicht traue. Das Ende wäre auf jeden Fall die große Resignation und Frustration!

Oder gibt es die Lösung der Gottesfrage für Sie und auch für mich in dieser Welt? Gibt es das eine, einzige Gut, für das zu leben und zu sterben sich lohnt? Das ist die Schicksalsfrage für jeden Menschen.

Mir sagte ein Inder, er wäre verwundert, wie die deutschen Studenten oberflächlich mit der Gottesfrage umgingen. Es sei merkwürdig, so sagte er, wie gerade an deutschen Hochschulen von Wissen geredet würde, aber daß man an dieser tiefsten Menschheitsfrage mit einem billigen Geschwätz zur Tagesordnung überginge. Und er hat recht.

Trotzdem stimmt auch dieses: Wir erleben zur Zeit ungeheure Auseinandersetzungen um die Frage nach Gott und Mensch.

Nur, wen sollen die jungen Leute fragen? Es ist ja nicht allein entscheidend, daß man fragt, sondern an wen sie die Frage stellen. Und eines stimmt schon mal: Sie können immer nur solche Leute fragen, die zumindest so scheinen, als hätten sie eine letzte gültige Antwort. Und das Zeichen, daß man für sich die letzte Antwort gefunden hat, muß ja der leidenschaftliche Einsatz für das höchste Gut sein.

Darin liegt ohne Zweifel die Faszination z. B. bei den Viet Kong. Man weiß in der Bundesrepublik nichts Genaueres über ihn, aber eines wird hier klar: Hier sind junge Menschen, die sich total engagieren können. Sie können sterben.

Mir sagte ein Student: „Wissen Sie, das ist, was mich an diesen Nordvietnamesen so begeistert.

Ich meine nicht ihren Kommunismus, ich meine nicht Ho Tschi Minh, sondern ich meine die ungeheure seelische Kraft, die hier wachgerufen ist. Und danach sind wir in der Bundesrepublik unterwegs, und finden es nicht."

Das läßt sich auch an anderen Stellen aufzeigen: Ich fragte kürzlich einen Franzosen, was ihn an Charles de Gaulle so begeistert hätte. Darauf die Antwort: Dieser Mann sei manchmal sehr unerträglich gewesen, aber das wäre nicht das Problem. De Gaulle wäre ein Mann gewesen, der ein großes Geheimnis in sich getragen hätte, und er ist diesem Geheimnis konsequent nachgefolgt. Der Franzose sagte wörtlich: Und das gerade hat uns an de Gaulle begeistert.

Hier könnten Sie ja fragen: Was haben wir in der Bundesrepublik anzubieten? Welche Faszination gibt es denn noch? An die albernen Redensarten: „Wir brauchen mehr Geld in die Lohntüte" glaubt doch keiner mehr. Das wissen nur einige Leute noch nicht, die mit Geld zu tun haben. Geld brauchen wir, da wollen wir gar nicht drüber reden. Nur, dafür werde ich doch mein Leben nicht hingeben. Mein Leben ist doch mehr wert als Geld. Und denken Sie daran, wenn Sie der tiefsten Frage nachgehen wollen: Das Leben ist kurz und schnell vorbei. Es gibt eine bestimmte Überschreitung einer Weichenstellung, und dann kommt nicht mehr viel. Wo kriegen wir die Antwort? Diese Frage muß gestellt werden.

Vor einiger Zeit kam ein Mann. Er fragte mich: „Sie sind doch Pastor?" – „Ja." – „Glauben Sie das, was Sie sagen?" Ich antwortete: „Ja." – „Sind Sie bereit", fragte er wörtlich, „dafür sich aufknöpfen zu lassen?" Ich sagte: „Ich hoffe, daß mir Gott dazu die Kraft gibt. Ich bin bereit. Ich gebe jetzt ja auch mein Leben, meine Karriere und meine Familie dafür auf. Und mit mir tun es ungezählte Christen."

Darauf sagte dieser Student nicht, er wolle jetzt auch fromm werden, sondern fragte ernsthaft: „Sagen Sie mal, wie kriege ich das denn raus, daß das, was Sie da erfüllt, auch für mich gilt?" Und diese Frage war sachlich richtig. Auf die albernen Redensarten über die Kirche ist er gar nicht mehr gekommen, dazu war er zu intelligent. Aber einige Leute lernen ja ein Leben lang nicht. Daraufhin fragte ich ihn: „Wollen Sie das wirklich wissen?" – „Ja", meinte er, „das will ich wissen." Dann sagte er diesen ähnlichen Satz: „Denn ohne ein letztes Gut kann und will ich nicht leben."

Das hatte er begriffen. Darauf antwortete ich ihm: „Nun passen Sie auf, jetzt will ich Ihnen meine Antwort geben, die die Antwort des Neuen Testaments ist. Diese Antwort ist nicht einfach zu ertragen, und sie ist auch nicht billig zu haben, Sie werden in eine neue Krise gestürzt. Die Antwort auf die Frage nach dem letzten Gut, nach dem einzigen wirklichen Inhalt eines Menschenlebens ist keine Ethik, keine Philosophie, sondern eine Person: Jesus Christus!

Das ist die eigentliche Behauptung der Heiligen Schrift: Das wirklich letzte Gut, das der Sehnsucht allen Lebens entgegengeht und entgegenkommt, ist Jesus von Nazareth. Er ist Gott! Von ihm kommt alles, in ihm lebt alles, und zu ihm geht alles. Er ist Ursprung alles Lebens und er ist das Ziel. Er ist als letztes Gut dieser Menschheit vorgegeben!

Diese Aussage ist wahr, d. h. sie ist für alle Menschen zu allen Zeiten verbindlich. Und nicht wir Menschen entscheiden darüber, ob wir mit dieser Wahrheit leben wollen, sondern die Wahrheit Jesu entscheidet darüber, ob wir leben können.

Anders formuliert muß man es so sagen:

Wer an der Person Jesu vorbeileben will, der lebt gar nicht, sondern der führt nur ein sogenanntes Leben. Der Absolutheitsanspruch Jesu ist keine Erfindung der Christen, sondern Selbstbehauptung Jesu. Wir können nie entscheiden, ob wir Jesus von Nazareth den Absolutheitsanspruch einräumen wollen oder nicht, sondern wir können nur entscheiden, ob wir uns Jesus gegenüber sachlich verhalten wollen oder nicht. Ihm gegenüber sachlich werden und gleichzeitig seinen Absolutheitsanspruch anerkennen ist ein und dasselbe. Das heißt aber auch: Die Erfüllung seines eigenen Lebens hier und nirgendwo sonst zu erwarten ist ebenfalls sachlich.

Und wenn heute in der Theologie darüber gestritten

wird, ob man Jesus so absolut sehen will oder nicht, dann spricht diese Diskussion nicht für eine sogenannte intellektuelle Redlichkeit, sondern macht nur deutlich, wie weit die Theologen von der Wahrheit entfernt sind. Das heißt aber auch, daß diese Theologie dem Menschen nie eine Erfüllung anbieten kann! Eine Theologie, die nicht von der Voraussetzung des Absolutheitsanspruches Jesu ausgeht, kann überhaupt nicht christliche Theologie genannt werden und ist für den Menschen zutiefst unbedeutend. Christliche Theologie ist begründet in dem Anspruch Jesu: „Ich bin der Weg und die Wahrheit und das Leben, und niemand kommt zum Vater denn durch mich!" (Joh. 14, 6). Hierin liegt die Berechtigung zur Predigt, sonst gibt es keine!

Und wenn Theologen herausbekommen, daß diese Stelle in Johannes Gemeindetradition sei und gar kein Wort Jesu, dann würde selbst diese Behauptung nichts an der Tatsache ändern, daß die Gemeinde der ersten Stunde auf jeden Fall Jesus nur in diesem Absolutheitsanspruch verstehen konnte. Das heißt weiter: Der Glaube an Jesus Christus ist nicht die Ausübung einer irgendwie gearteten Religion, sondern dieser Glaube ist die Begegnung mit dem letzten Gut, das dieser Welt gegeben ist. Diese Welt, wir Menschen, die ganze Geschichte der Menschheit, wir alle können uns die Wahrheit nicht mehr aussuchen. Sie ist festgelegt in der Person Jesu. Und wo ein Mensch diesem letzten Gut, diesem Gott, diesem Herrn begegnet, da ereignet sich die Identität, da geschieht die Erfüllung des Lebens, da wird alles aufs Ziel ausgerichtet, da wird das Leben sinnvoll. Dies ist die Antwort.

Hier liegt die Überwindung der Krise in der Kirche,

in der Kultur, im Leben einer Gesellschaft und der ganzen Welt. Weniger behauptet das Neue Testament nicht, und weniger kann man in dieser Welt nicht behaupten.

Darum entsteht genau an dieser Stelle die leidenschaftliche Abwehr, der ganze Widerspruch der letzten 2000 Jahre. Dieser Widerspruch ist kein Zufall, er muß immer dort entstehen, wo dieser Anspruch, das letzte höchste und gültige Gut zu sein, ausgesagt wird.

Aber genau hier, wo der Widerspruch entsteht, kann allein Glaube entstehen. Der Glaube an Jesus Christus hat nichts mit Anständigwerden und Frommwerden zu tun. Jesus ist nicht dazu in die Welt gekommen, um zu einigen Liebestaten oder Entwicklungshilfen aufzufordern – das geschieht wirklich nebenbei und ganz von selbst –, sondern er ist gekommen, um der Menschheit die Fülle zu geben, auf die sie wartet. Wie dies aussieht, werden wir in einem späteren Vortrag behandeln. Hier nur soviel: Erst da geschieht Glaube im neutestamentlichen Sinne, wo ein Mensch diesem Anspruch Jesu folgt und sich ihm öffnet.

Damit steht der Mensch nun in seiner eigentlichen Lebenskrise: Woher weiß er, ob dieser Anspruch Jesu wahr ist? Wer gibt ihm die Gewißheit, ob dieser Jesus nicht hochgestapelt hat? Wer sagt uns Menschen, ob hier nicht wieder einmal der Mensch in seiner Sehnsucht genarrt wird? Und nie ist der Mensch zerrissener als in dem Augenblick, wo ihm wiederum auf die Frage nach dem letzten Gut eine gültige Antwort präsentiert wird. Denn jetzt erst wird deutlich, wie ungeborgen und einsam ein Mensch sein kann. Denn wenn ihm gesagt wird: Hör, es gibt wirklich eine gültige und nie enttäuschende Erfüllung, es gibt wirklich ein letztes, nie betrügendes Gut, wo alle Sehnsucht gestillt wird, dann bricht wiederum die große Hoffnung auf, die ja nur darum aufbrechen kann, weil man das erfüllte Leben eben selbst nicht hat, aber bereit wäre, es zu wollen.

Aber, so heißt die zweifelnde und doch immer zur Hoffnung offene Frage, sollte diese Erfüllung ausgerechnet in der Person Jesu zu finden sein? Wer wagt es, dies an sich herankommen zu lassen?

Nehmen Sie bitte zum Schluß diese Überlegung mit: Sie sind jetzt nicht aufgefordert, diesem allem zu glauben, Sie sind aufgefordert, diesem gestellten Anspruch zu folgen. Wer sagt, ich habe es zwar gehört, aber ich gehe dem einfach nicht mehr nach, der hat nicht nachgewiesen, daß er nicht glauben könnte, sondern der hat gezeigt, daß er nicht nachdenken will. Wir wollen im nächsten Referat weitergehen und fragen, was das bedeutet, wenn dieser Anspruch Jesu, der wirklich einmalig in der Weltgeschichte ist, wahr ist.

Der Anspruch Jesu ist zweifellos eine Zumutung. Aber sagen Sie selbst: Was wäre eine so allumfassende Wahrheit, wenn sie nicht zuerst und vor allem eine ungeheure Zumutung wäre? Was leicht zu fassen und zu begreifen ist, wäre nicht wert, von Ihnen oder von mir ernst genommen zu werden. Und das merkwürdige Gebaren vieler Pastoren, den Menschen unserer Zeit diese Zumutung zu ersparen, spricht für die Geistlosigkeit dieser Männer. Die Quittung der Menschen muß entsprechend sein: Man glaubt diesem seichten Gerede nie. Glaube wird nicht geweckt, indem man leicht und schnell etwas zu sagen weiß, sondern nur, wo man das Schwere einer Wahrheit den Menschen zumutet. Natürlich gibt es dann auch Streit und Haß. Und mir will scheinen, daß darum viele Theologen und Pastoren und Mitarbeiter der Kirche die Zumutung der Wahrheit nicht wollen, weil sie den Streit vermeiden möchten.

Gehen wir also einen Schritt weiter. Ob Sie sich das zumuten lassen oder weggehen, das ist nicht mein, das ist Ihr Problem.

Die große Zumutung

Nach einem solchen Vortrag kam einmal ein Zuhörer zu mir und meinte, es wäre wohl besser gewesen, wenn er nicht gekommen wäre. Auf meine Frage, wie er denn zu dieser Ansicht käme, meinte er wörtlich: „Ich bin jetzt in eine Unruhe hineingekommen, die mein ganzes Leben in Frage stellt. Ich suche wirklich nach etwas Gültigem, aber ich kann das noch gar nicht fassen, daß dieses Gültige ausgerechnet in Jesus Christus liegen soll!"

Dies möchte ich deutlich sagen: Die Zeiten, wo man meinte, daß Religion das Ungefährlichste der Weltgeschichte sei, sind vorbei. Entweder liegt in der Begegnung mit Jesus Christus wirklich die Wende allen Lebens, oder wir wollen getrost auf alles Religiöse verzichten. Und wer meint, wir würden hier einige Belanglosigkeiten in Sachen Religion verhandeln, der wird sich hoffentlich eines anderen belehren lassen. Gehen wir also einen Schritt weiter. Wir wollen der Behauptung Jesu nachgehen, die lautet, daß hier in der Person Jesu von Nazareth *die* gültige Aussage über Leben und Tod, Menschheit und Gott gemacht wird.

Bevor wir der unerhört schwer zu ertragenden Zumutung Jesu nachgehen wollen, zunächst eine Sprachenregelung für unser weiteres Gespräch.

1. Wahrheit – was meinen wir damit?

Man kann darüber in vielen und klugen Büchern vieles und Kluges lesen. Wir wollen uns auf folgendes Verständnis einigen:

Unter Wahrheit verstehen wir Aussagen, die der Wirklichkeit der zu begreifenden Dinge und Phänomene gerecht werden. Wahrheit sagt nicht: Man kann das so oder auch anders sehen, sondern Wahrheit sagt: So ist es!

Anders formuliert: Wer Meinungen zum besten geben will, der kann das tun, indem er sagt: Man kann von mehreren Standpunkten die verschiedensten Ansichten haben. Wenn du es so siehst und ich sehe es anders, dann müssen wir uns nicht streiten, denn alles unterliegt eben einer sehr relativen Standortbetrachtung.

Wer Wahrheiten anbietet, beruft sich eben nicht mehr auf einen Standort, der in Frage gestellt werden könnte, sondern er bietet eine Aussage an, die nicht mehr diskutiert werden kann, sondern die befolgt sein will, weil sie der Wirklichkeit gemäß ist.

Eine Wahrheit wird nicht gedacht oder gemacht, sondern eine Wahrheit wird entdeckt. Sie wird als gültig für mich und andere anerkannt, nicht weil ich es will, sondern weil sie als wahr entdeckt wurde. Sie ist zwar von mir als wahr entdeckt worden, aber sie ist unabhängig von mir wahr.

Man kann auch sagen:

Wahrheit offenbart das Sein der Dinge und des Menschen. Wer sich zu einer Wahrheit negativ verhält, der macht nicht die Wahrheit kaputt, sondern der geht an seiner negativen Haltung zur Wahrheit zugrunde. Wer sich aber positiv zu einer Wahrheit verhält, der hebt nicht die Wahrheit auf den Schild, sondern der wird von der Wahrheit zum Leben gebracht.

Gestatten Sie mir ein sehr einfaches Beispiel:

Wenn ein Mensch in 3000 Meter Höhe ohne Fallschirm aus einem Flugzeug springt, dann hat er sich in seinem Menschsein unwahr verhalten. Er geht zugrunde. Trifft der Mensch aber für seinen Absprung in die Tiefe die entsprechenden Maßnahmen, dann kann er überleben, ja sogar einen Gewinn an Lebenserfahrung mitnehmen. Er muß sich nur entsprechend verhalten.

So bitte ich Sie, bei unserem weiteren Gespräch auf diesen Zusammenhang zu achten:

Wenn wir von Wahrheit reden, dann sprechen wir nicht über einige tiefsinnige Gedankenkombinationen, sondern wir sprechen von unserem Leben, das in und unter der Wahrheit entfaltet wird oder, wenn es sich nicht der Wahrheit gemäß verhält, scheitern muß. Es geht also um nicht weniger als um unser eigenes, einzigartiges Leben.

Darum gehören Wahrheit und Leben immer zusammen. Wer also bei der Frage nach der Wahrheit oberflächlich ist, der nimmt letztlich sein eigenes Leben nicht ernst. Er dient damit der Zerstörung des Lebens. Ein Mensch, der mit der Suche nach Wahrheit leicht fertig wird, also „leichtfertig" ist, dem gehe man tunlichst aus dem Wege, denn er wird dann ja auch mit anderen Menschen leichtfertig umgehen.

Wenn aber jemand von sich behauptet, er sei kein oberflächlicher Mensch, sondern er bemühe sich, das Leben und die Menschen ernst zu nehmen, dann muß er das nachweisen, indem er nach der Wahrheit fragt, aufgrund derer ein Leben entfaltet werden kann.

Halten wir also für unser weiteres Gespräch an dieser eben getroffenen Begriffsbestimmung fest:

Wahrheit wird entdeckt, damit das Leben, das der Wirklichkeit gemäß ist, gelebt werden kann. Und so wie Wahrheit und Leben zusammengehören, so gehören auch Irrtum und Zusammenbruch des Lebens zusammen. Wer keine Wahrheit will, will auch kein wirklichkeitsechtes Leben. Die Frage heißt nun: Gibt es denn Wahrheit und gibt es denn wirkliches Leben?

2. Die Zumutung

Die Behauptung des Neuen Testaments liegt genau hier:

Jesus, der Zimmermannssohn aus Nazareth, tritt auf mit dem Anspruch, der wirklich schwer zu ertragen ist:

„Ich bin der *Weg*, die *Wahrheit* und das *Leben*, niemand kommt zum Vater denn durch mich!" (Joh. 14, 6).

Hier wird nicht davon geredet, daß Jesus einige Ansichten zum Leben und über die Wahrheit hat, sondern daß er in seiner Person selbst die Wahrheit und das Leben ist.

Anders formuliert muß man es so sagen:

Wenn jemand ein wirklichkeitsechtes Leben führen will, dann erreicht er das nur durch die Bindung an die Person Jesu Christi. Wenn ein Mensch die einzig gültige Wahrheit, die es in der Weltgeschichte gibt, erfahren und erkennen will, dann muß er in den Machtbereich dieses Jesus hineingezogen werden. Es gibt keine Erkenntnis der Wahrheit an der Person Jesu vorbei! Es gibt kein Leben an der Person Jesu vorbei! Es gibt keinen Weg durch diese Welt an Jesus vorbei. Es gibt keine Erkenntnis zum Ursprung und zum Ziel allen Lebens und Wesens an der Person Jesu vorbei!

Wer leben will und dieses Leben außerhalb der Person Jesu sucht, der geht zugrunde. Wer letzte wesensmäßige Zusammenhänge dieser Welt, der Menschheit und des Kosmos begreifen will, ohne in der Einheit mit dem Geist Jesu zu sein, der lebt im Irrtum. Wer ohne Führung durch die Macht Jesu durch die Geschichte will, der verrennt und verläuft sich von einem Irrtum in den anderen.

Mit dieser kurz angezeigten Behauptung wird die Zumutung deutlich, um die es bei Jesus geht. Ich nehme es keinem übel, der so reagiert wie ein Jurist bei einer Vortragsreihe, der, als ich ihm von dem Anspruch Jesu sagte, rief:

„Das können Sie mir nicht mehr zumuten! Ich lasse es gelten, daß Jesus ein großer Mensch war, ich bin auch bereit zu akzeptieren, daß er der größte Mensch war. Aber diese Behauptung, daß ausgerechnet dieser Nazarener *die* Wahrheit sein soll, das können Sie in diesem Jahrhundert keinem mehr bieten!"

Eines muß man nun diesem Juristen lassen: Wenn

einer in der weiten Runde der Zuhörer begriffen hatte, wie ärgerlich und anmaßend die Behauptung Jesu ist, dann war er es. Überlegen wir uns die Konsequenzen dieses Anspruches: Wenn das wahr ist, was dieses ICH-BIN-Wort aussagt, dann ist damit die ganze Welt, alles Denken, alle Kultur, jeder Versuch des Menschen, seine Probleme zu lösen, in Frage gestellt. Nie ist Härteres über die Dunkelheit des Menschen gesagt, wie in diesem Wort. An keiner Stelle der Weltreligionen ist auch nur annähernd eine solche Behauptung gemacht worden. Und es muß auch gesagt werden: Entweder ist dieses Wort „Ich bin die Wahrheit" der Ausdruck eines Wahnsinnigen, der sich völlig überschätzt hat, dann hätten wir das Recht, diesen Jesus in seiner Aussage zurechtzuweisen: Oder aber dieses Wort ist die Aussage der letzten Instanz, die sich in und mit der Person Jesu in Raum und Zeit anmeldet, dann gilt es zu hören.

Ich erwarte von Ihnen nicht, daß Sie jetzt zu allem ja und amen sagen. Ich erwarte auch nicht, daß sie jetzt nur, weil Ihnen die Aussage Jesu unerträglich ist, einfach abschalten. Ich erwarte, daß Sie dieser Behauptung Jesu nachgehen und nachdenken, daß Sie bereit sind, einmal alle Konsequenzen durchzugehen. Ich meine, die Zeiten seien endgültig dahin, wo man glauben konnte, nur weil die Eltern und Großeltern auch glaubten. Und die Zeiten sind auch vorbei, wo man sich in die gottlosen Ausreden flüchten konnte und meinte, nur weil Millionen dem christlichen Abendland Lebewohl sagten, könnte man sich ihnen gedankenlos anschließen.

Wer glauben will, der muß nachweisen, woran und warum er an Jesus glaubt. Und wer nicht glauben will, der muß auch nachweisen, warum er an diesen Jesus nicht glaubt. Und dies sei für unser weiteres Gespräch eine feste Abmachung:

Glaube und Unglaube entscheiden sich an dieser Zumutung des Anspruches Jesu. Es gibt keinen Glauben, der nicht durch diese Zumutung hindurch muß. Und es gibt auch keinen Unglauben, der nicht an dieser Zumutung zum Unglauben wurde.

Wer meint, er könnte mit Jesus ins reine kommen, indem er sein Liebesgebot versucht einzuhalten, der hat zwar gute Absichten, aber er hat keine gute Einsicht. Wer meint, er könnte Christ werden und dabei dieser ungeheuren Zumutung entgehen, der unterschätzt das Christsein. Man wird nicht Christ, indem man einige ethische Anweisungen aus der Bergpredigt für verbindlich erachtet; man wird nur Christ, indem man diesen Jesus Christus annimmt, als *die* Wahrheit, als *das* Leben und als *den* Weg zum Ursprung und Ziel allen Lebens. Was dies im weiteren bedeutet, wird später behandelt werden müssen. Es wird atemberaubend, denn das ganze Leben, die ganze Menschheit, der Kosmos und die Geschichte wird davon betroffen. Fassen wir zusammen: Der Anspruch Jesu ist die Zumutung. Entweder ist dieser Anspruch wahr, dann muß sich eine ganze Welt danach richten, wenn sie leben will. Oder aber der Anspruch Jesu ist Wahnsinn, dann laßt uns diesen Jesus ausschalten. Eine dritte Haltung, die einiges Erträgliche an Jesus heraussucht, aber den Letztheitsanspruch herausläßt, ist nicht nur unerlaubt, sondern auch unredlich und zeugt von einem feigen Geist.

Es gibt heute eine ganze Generation von Theologen, die Jesus so hinstellen, als sei er damals wegen des Liebesgebotes oder wegen einer gesellschaftlichen Kritik mit den Pharisäern und Schriftgelehrten zusammengestoßen. Dies ist einfach nicht wahr. Es wird Zeit, daß diejenigen, die ihre marxistische Brille beim Bibellesen aufgesetzt haben, sie wieder absetzen.

Die Pharisäer und Schriftgelehrten haben sowohl die Wunder als auch Jesu Auslegungen zum Gesetz zunächst halbwegs verkraftet. Sie sagen ihm sogar ausdrücklich: „Wegen deiner Werke wollen wir dich nicht töten, sondern wegen deines maßlosen Anspruches!" An dieser Tatsache hat sich seitdem nichts geändert. Es wird Zeit, daß wir dieses Spiel sowohl in unserem eigenen Leben als auch für unsere Zeit und Zeitgenossen durchschauen. Solange wir vom Christentum reden, das zur Liebe und zur Entwicklungshilfe anleitet, werden alle hoch beglückt sein über soviel Christlichkeit. Regierungen und Vereine, Professoren und Hilfsarbeiter, Reiche und Arme sagen: „Ja, das ist rechtes Christentum. Da können wir mitmachen!"

Im selben Augenblick, wo der Wahrheits- und Lebensanspruch an die Person Jesu gebunden wird, geht der Krach los. Und seien wir ehrlich, ich rede doch nicht zum Fenster hinaus: Wer ist denn unter uns, der sich diese Behauptung Jesu so ohne weiteres gefallen läßt? Auch die Frömmsten unter uns kennen das Zögern, wenn es um die Konsequenzen dieses Anspruches geht, oder?

Wenn wir jetzt an den Pharisäern und Schriftgelehrten

die Zumutung und ihre Folgen durchexerzieren wollen, dann wissen wir, wie nahe wir alle miteinander bei der Entrüstung über den Anspruch Jesu angesiedelt sind.

Zunächst würde ich ganz nüchtern feststellen, daß ich mich wundere, wie lange die Pharisäer und Schriftgelehrten mit ihren Morddrohungen gewartet haben. Sie haben wirklich nicht im blinden Zorn gehandelt, sondern sie hatten drei Jahre Zeit, um sich das Treiben um Jesus von Nazareth anzusehen. Es hat einige sehr grundsätzliche Gespräche gegeben und eine ganze Reihe von Sitzungen und Verhören. Sie sind ihm nachgereist, sie haben zugehört, geprüft, sie haben selbst gefragt und haben sich mit ihm theologisch unterhalten.

Die Auseinandersetzung erreichte ihren Höhepunkt, nach dem Johannesevangelium, als Jesus ihnen allen dieses bot: das Brot des Lebens (man lese dazu das 6. Kapitel). Nachdem er Tausenden von Menschen Brot gegeben hatte, wollten sie ihn zu ihrem Herrscher machen.

Das ist ja auch einsichtig: Ein Mann, der nicht nur Brot essen, sondern auch Brot machen kann, der also die Brotfrage lösen kann, wird immer zum 1. Mann gewählt. (Daran hat sich bis heute auch nichts geändert!)

Jesus entzieht sich aber dieser Wahl zum „Brot-für-die-Welt-König" und macht deutlich, daß seine Brottat zutiefst ein Hinweis auf seinen eigentlichen Auftrag und auf sein eigentliches Wesen ist: Er sagt: „Sorgt euch um Brot, das nicht vergänglich ist, sondern das erhält für das ewige Leben. Das gibt euch des Menschen

Sohn, denn der Vater hat ihn dazu bestimmt!" (Joh. 6, 27) und einige Verse weiter (Vers 33): „und dieses Brot ist aus der ewigen Welt gekommen und gibt der Welt das Leben!" Vers 35: „Ich bin das Brot des Lebens, wer zu mir kommt, den wird nicht hungern ewiglich ..."

Mitten in diese Klärung, die wirklich an Deutlichkeit nichts zu wünschen übrig läßt, heißt es verständlicherweise: „Da murrten die Juden darüber, daß er das gesagt hatte: Ich bin das Brot des Lebens, das vom Himmel gekommen ist!" Sie hatten eine Menge ertragen, aber daß er ihnen das bietet, ist wirklich zuviel. Jesus merkt das und beschwichtigt nicht, sondern präzisiert und vertieft seine Aussage und zwingt Freund und Feind zu einer Klärung. Er sagt: „Wer an mich glaubt, der hat ewiges Leben ... (Vers 47). Eure Väter (Jesus erinnert an die große Wanderung des Volkes durch die Wüste) haben Manna gegessen und sind gestorben, aber dies (er weist auf sich) ist das Brot vom Himmel gekommen, damit der, der davon ißt, nicht stirbt ... Wer von diesem Brot essen wird, der wird leben in Ewigkeit. Und das Brot, das ich geben werde, ist mein Fleisch ..." (Vers 49—51).

Und wieder setzt ein erregter Streit unter den Juden ein. Sie müssen völlig entsetzt gewesen sein. Wer weiß, daß die Juden bei Menschen- und Blutopfer tiefste Abscheu empfanden, der versteht auch diese Erregung. Und Jesus setzt wieder an, er beschwichtigt nicht, um die Massen zu halten, sondern geht weiter: „Wahrlich, wahrlich, ich sage euch: Werdet ihr nicht essen das Fleisch des Menschensohnes und trinken sein Blut, dann habt ihr kein Leben in euch. Wer mein Fleisch ißt und trinkt mein Blut, der hat das ewige Leben, und ich werde ihn auferwecken am Jüngsten Tag" (Vers 53–54).

Man lese das Kapitel Johannes 6 zu Ende: Die Wirkung der Rede Jesu ist verheerend. Eben waren noch Tausende bereit, ihn zum Führer zu wählen. Ja, sie waren bereit, ihre menschliche Versorgung mit Gestaltung von ihm entgegenzunehmen. Aber nun geht ein grauenhaftes Entsetzen durch die Tausende. Sie schütteln fluchend oder sprachlos ihre Köpfe. Sie stehen vor einem unbegreiflichen Rätsel: Wer ist dieser Jesus? Wahnsinniger oder Prophet? Aber die Würfel sind längst gefallen. Die Leiter des Volkes haben genug gehört. Sie brechen auf nach Jerusalem. Der Prozeß ist reif. Gotteslästerer haben die fanatische Eigenschaft, ganze Völker mit sich zu reißen. Diesem Unheil muß gewehrt werden. Das Schicksal Jesu ist mit dieser Rede beschlossen.

Von den Anhängern Jesu kommt auch kein Lobgesang mehr. Sie packen etwas zögernd ihre Sachen und gehen weg. Das ist nicht mehr zu ertragen. Brot? Ja; und Wunder erleben mit Jesus? Ja; neue Auslegung der Gebote? Ja! Buße tun und sich neu sagen lassen, was es um Gott ist? Ja! Zu allem sind wir bereit. Aber dies ist zuviel, nein, er hat zuviel gesagt. Es heißt in Vers 60:

„Dies ist eine harte Rede!" Wörtlich müßte übersetzt werden: „Das ist nicht zu ertragen, damit kann man nichts mehr anfangen, wer kann das hören? Wir wenigstens nicht!" Und sie gehen. Darf ich Sie bitten, dieses festzuhalten: Die Vernichtung Jesu hat in dieser Selbstbehauptung und Selbstoffenbarung Jesu ihren Grund. Wie immer dies in den verschiedenen Evangelien ausgesagt wird, es geht stets um dieselbe Tatsache: Jesus von Nazareth erhebt einen absoluten Anspruch. Er fordert seine Zeit, die Verantwortlichen des Volkes nicht mit einigen Allgemeinplätzen, sondern mit dem Anspruch als letzte Instanz gehört und respektiert zu werden, heraus. Wer diesen Anspruch Jesu verniedlicht, hat weder historisch recht noch hat er begriffen, um was es bei Jesus ging und geht.

Damit ist der Skandal angezeigt, der aufgrund dieses Jesus-Anspruches immer geschehen wird. Es muß uns deutlich werden, daß die harte Auseinandersetzung um Jesus niemals ein Fehler ist, sondern in der Sache Jesu selbst beschlossen liegt. Wenn heute in der Kirche und in der Theologie der ICH-BIN-Anspruch Jesu relativiert wird, dann ist die Kirche zwar den Ärger mit der Welt los, sie ist aber gleichzeitig die Vollmacht los.

Und Vollmacht hat ja nichts mit gefühlsmäßigem Eindruck oder mit geschichtlichem Erfolg zu tun, sondern Vollmacht entsteht da, wo man diese Wahrheit Jesu ungekürzt weitersagt. Wer aber den Anspruch Jesu ausruft, der muß auch mit dem gleichen zum Tode führenden Ärger rechnen, mit dem es Jesus zu seiner Zeit zu tun bekam. „Haben sie mich einen Teufel geheißen, dann werden sie es mit euch auch tun!" Noch einmal: Der Ärger und die Aufregung liegen in dem Anspruch Jesu begründet und sind nicht etwa Folge einer schlechten Predigt.

Wenn aber eine Kirche oder eine Theologie diesen Anspruch in dieser Welt nicht mehr durchhalten will, dann habe ich den Verdacht, daß die Verantwortlichen entweder den Geist Gottes nicht haben – ohne den Geist Gottes kann man wirklich nicht wissen, wer Jesus ist! — oder daß etliche Theologen vor lauter

Angst, mit den Menschen ihrer Zeit Ärger und Streit zu bekommen, die ICH-BIN-Aussagen Jesu unter den Tisch fallen lassen. Verständlich wäre das ja: Welcher Professor und welcher Pastor, welcher Jugendwart und welcher Religionslehrer hat schon Freude daran, sich von der so oder so gearteten Öffentlichkeit hassen zu lassen. Wir alle haben ja den Wunsch, Menschen zu gewinnen, und wir tun alles, um sie nicht abzustoßen.

Nur, und das muß unerbittlich festgehalten werden: Der ICH-BIN-Anspruch Jesu läßt zutiefst jeden Versuch scheitern, auf der einen Seite mit den Menschen dieser Welt über Jesus zu reden und gleichzeitig auf der anderen Seite diese Zumutung Jesu an den Menschen zu verschweigen. Wer „Jesus" sagt, der sagt gleichzeitig, daß hier der Brot-Anspruch vorliegt und daß hier *das* Leben ist. Und wer vom Leben reden will, der muß wissen, daß Jesus ein für allemal dieses Wort und das, was wir unter Leben verstehen wollen, an sich und seine Person gebunden hat.

Wenn also, um das an einem Beispiel klarzumachen, ein Pädagoge sagt: „Ich will den jungen Menschen ins Leben führen!" dann muß man diesen Erzieher fragen: „Was verstehst du unter Leben? Dieses Wort und der Inhalt sind bereits beschlagnahmt von Jesus!" Das folgende Gespräch würde dann deutlich machen, wie hart die Auseinandersetzung wird, wenn man der Behauptung des NT folgt, und den Anspruch Jesu, selbst das Leben zu sein, gelten läßt.

Wir fassen zusammen: Die eigentliche Auseinandersetzung um Jesus liegt in dem Verständnis seiner Person. Hier scheiden sich die Geister, ja, sie müssen sich scheiden. Die Krise um Jesus ist nicht Zufall, sie ist unumgänglich.

Er selbst hat sie nie gescheut, sondern sie geradezu heraufbeschworen. Unsere Sache ist es, dieser Krise nicht aus dem Weg zu gehen, sondern es ist eines nachdenkenden Menschen würdig, daß er sich dieser Krise stellt.

4. Die Anfrage

Mitten in dieser großen Auflösung steht Jesus und sieht seine zwölf Begleiter an. Es ist wirklich unheimlich: Er buhlt nicht um sie, er fragt nicht nach ihrer Meinung. Er gibt den Weg frei: „Wollt ihr nicht auch weggehen?"

Darf ich diese Frage auf deutsch übersetzen? Ich höre, wie Jesus in die Geschichte der Welt und der Kirche hineinfragt: „Sagt, ihr Christen, wollt ihr bei mir bleiben, wenn ich diesen ICH-BIN-Anspruch in dieser Welt erhebe? Haltet ihr das aus, wenn ich allen zumuten muß, daß ich *die* Wahrheit und *das* Leben bin? Könnt ihr das ertragen, wenn ich dieser Welt bescheinigen muß, daß es ohne mich kein gültiges Leben gibt, aber daß durch mich ewiges Leben in Raum und Zeit eingebrochen ist? Macht ihr bei mir auch noch mit, wenn all die einleuchtenden Redensarten über sittliches Leben und karitatives Helfen durchbrochen werden, weil ich nicht mißbraucht werden will für die Brotfrage dieser Welt, sondern genommen werden will als die einzige Möglichkeit, um zu leben, zu sterben und selig zu werden?
Wollt ihr nicht lieber weggehen? Es bleiben euch viele Unannehmlichkeiten erspart. Ihr könnt viel besser in

dieser Welt zurechtkommen, wenn ihr Christentum auf Anständigkeit und allgemeine Gottesliebe reduziert. Ihr könnt viel besser an den Universitäten als Theologen arbeiten und als Wissenschaftler glänzen, wenn ihr meinen Anspruch nicht erhebt! Wollt ihr euch nicht doch lieber ein freundliches, einleuchtendes Christentum zusammenbasteln, das in dieser Welt als vernünftig und tragbar akzeptiert wird? Ihr würdet viele Schwierigkeiten und Scherereien nicht erleben. Viele Märtyrer brauchten dann nicht zu sein, viel Ärger in Familien und Schulen, in Betrieben und in den lauen Kreisen würden dann ausfallen. Ist es nicht viel bequemer, erst mal an seine Familie und seinen Beruf zu denken und dann die Religion so einzuplanen, daß man kein Leid und keinen Verlust erlebt, als ständig mit mir und meinem Ewigkeitsanspruch leben zu müssen?"

Ja, es ist wahr: Diesen Anspruch Jesu zu hören, ist bereits eine Zumutung, aber unter diesen Anspruch sich auch noch beugen, ist wirklich hart. Ich verstehe gut, wenn genau an dieser Stelle die Härte der Auseinandersetzung läuft. Man kann mit Recht sagen, daß in den 2000 Jahren Kirchengeschichte zutiefst nur dieses eine Thema verhandelt worden ist: Welchem Jesus lohnt es sich nachzufolgen? Dem Jesus, in dem das ewige Leben einbricht, der die letzte Instanz ist, der also der CHRISTUS ist, oder ist es besser, einleuchtender, erfolgreicher, attraktiver, dem zu folgen, der nicht ganz so absolut, nicht ganz so verfügend und beschlagnahmend verstanden werden soll? Welchem Jesus wollen wir folgen? Dem Jesus der Zumutung oder dem Jesus, den wir uns so denken, wie er uns gefällt?

Hier liegt die Schicksalsfrage an die Welt und an die Kirche, an die Theologie und an jeden Glauben eines Menschen. Denn nun steht ja folgende Möglichkeit vor uns: Wenn Jesus wirklich *das* Brot des Lebens ist, wenn man also durch die Begegnung und durch das Einswerden mit ihm wirklich gültiges, d. h. ewiges Leben bekommt, wenn man in der Bindung an ihn wirklich *die* Wahrheit erkennt, aufgrund dessen das Leben wirklichkeitsecht gelebt werden kann, dann läge ja genau hier die Überwindung der Ratlosigkeit? Dann müßte sich ja auch hier in der Person Jesu eine Lebensgestaltung ereignen, die wirklich dem Leben gemäß wäre.

Es ist also nur eine Seite, daß man sich über die Zumutung aufregt. Es muß gleichzeitig die Überlegung angestellt werden, daß dann, wenn der Anspruch Jesu zu Recht besteht, nun auch der Satz zur Kenntnis genommen werden muß: Es gibt also möglicherweise eine Wahrheit!

Ich möchte Sie jetzt bitten, diesem Gedanken nachzugehen, unabhängig, ob ihnen das gefällt oder nicht. Lassen wir also die tausend Erregungen der Öffentlichkeit einmal beiseite. Versuchen wir den ganzen inneren Widerspruch, der sich bei der Behauptung Jesu erhebt, einen Augenblick einmal auszuschalten. Ich möchte Sie auffordern, einmal diesem unerhört betörenden Gedanken nachzugehen: Wenn Jesus nun die Wahrheit gesagt hat? Wenn nun die Christen seit 2000 Jahren wirklich etwas Gültiges erfahren haben? Gehen wir diesem Gedanken nach: Wenn Jesus die Wahrheit ist, dann gibt es also in dieser Welt des suchenden Irrtums und des irrtümlichen Suchens ein Finden! Wenn Jesus wirklich eine geistige Macht in

Raum und Zeit bringt, dann wäre es auch möglich, Zusammenhänge zu durchschauen und Teile des Lebens in ein sinnvolles Ganzes einzuordnen.

Ist Jesus *das* Leben, dann muß der Mensch in seinem Leid nicht zugrunde gehen, dann gibt es also Gegenwart Gottes im Leid?! Und Gegenwart Gottes im Leid, das nennt die Bibel Trost! Es muß also nicht sein, daß diese Welt in ihrem Leid an sich verzweifelt?! Diese Welt weiß, was Schuld ist. Es kommt kein Mensch daran vorbei, daß er sein eigenes Leben und das anderer Menschen vernichtet und verpfuscht. Es geht ein Grauen an Schuld durch jede Generation, durch jedes Menschenleben. Es ist nicht wahr, daß die Christen Sünde und Schuld den Menschen eingeredet haben. Wahr ist, daß jede Philosophie, jede literarische Epoche, jedes Theaterstück, jede Oper, jeder kleinste Autounfall und jede Kritik am anderen immer und immer wieder die Frage nach der Schuld stellen muß.

Und wenn Jesus vor diesem Jammer steht und sagt: „Ich bin das Brot des Lebens!", dann heißt das, daß wir seit Jesus nicht mehr in der eigenen Schuld umkommen müssen. Es gibt genau hier ein Erbarmen, wo diese Welt unbarmherzig richtet.

Man muß nicht viel von der Welt gesehen und begriffen haben, um zu begreifen, daß die Menschen keinen Sinn mehr sehen in dem, was sie tun und was sie nicht tun. Die Sinnlosigkeit hängt zutiefst damit zusammen, daß wir nicht wissen, wie wir mit dem Tod fertig werden sollen. Ist der Tod das Ende, das Ziel oder nur Durchgangsstation? Müssen wir den Tod fürchten, oder soll man ihn sich wünschen?

Muß ich mir selbst einen Sinn suchen, oder gibt es angesichts des Todes überhaupt keinen Sinn? Die Sinnfrage kann unerträglich werden für den, der furchtlos genug ist und der Realität ins Auge zu sehen wagt. Und hier gilt das gleiche: Ist Jesus wirklich die Überwindung des Todes, dann gibt es hier in ihm den Sinn des Lebens. Dann könnte auch das Wort aus Johannes 14, 6 so formuliert werden: „Ich bin der Sinn des Lebens, und durch mich kommt ihr zum Ziel allen Lebens!" Es ist also möglich, einen Sinn zu finden, einen Auftrag für sein Leben zu gewinnen und eine gültige Geborgenheit zu erfahren.

Darf ich Sie in dieser Überlegung sehr persönlich ansprechen: Wenn Jesus wirklich die Macht des Lebens ist, wenn er wirklich Schuld löst und das Leben über die Vergänglichkeit und den Tod hinaus vollendet, wenn er wirklich einen gültigen Sinn und eine gültige Aufgabe gibt, dann ist auch für Sie eine großartige Lebensentfaltung möglich. Folglich könnte es bei Ihnen und bei mir ganz anders werden. Wir müßten dann also gar nicht mehr so weiterleben wie bisher! Es muß also gar nicht so sein, daß man in seiner Schuld verkümmert! Es muß also gar nicht sein, daß man in seinem Leid einsam bleibt! Man muß also nicht in der Ausweglosigkeit zu Rauschmitteln greifen! Man braucht also auch nicht auf sein Triebleben zurückgreifen, nur um „etwas vom Leben" zu haben. Es wäre also möglich, in der Einheit mit diesem Herrn Jesus erfülltes Leben zu erfahren!

Ich habe Ihnen dies so vorgeführt, damit wir sowohl für uns selbst als auch in Gesprächen mit anderen immer wieder darauf hingestoßen werden, daß die Behauptung Jesu zwar immer ein ungläubiges und ärgerliches Reagieren hervorruft. Aber es wird ja auch mal Zeit, daß man die Anfrage umgekehrt zuläßt: Wir Menschen meinen immer, wir hätten das Recht, den Anspruch Jesu in Frage zu stellen, als wären wir die Richter und ER hätte sich ständig vor uns zu verantworten. Drehen wir die Sache mal um und wagen wir sowohl für uns als auch für andere die Konsequenzen zu befragen: Was könnte das für ein Leben werden, wenn die Sache mit Jesus für uns wahr und gültig würde?

So liegt die Anfrage Jesu vor den Menschen. Übersetzen wir sie wie folgt: „Was wollt ihr? Wollt ihr weggehen? Weg von mir, weg vom Trost, weg von der Vergebung, weg von einem erfüllten Leben, weg von dem Weg zur Heimat, weg von der Bindung an den Vater? Wo wollt ihr hin? Zu euren eigenen Vernünfteleien? Wollt ihr eure eigenen Ausreden erfinden, euren eigenen Sinn machen und euren Himmel euch selbst auf Erden herunterholen, um dann am Ende eures Lebens an allem zu scheitern und irre zu werden? Wohin wollt ihr?"

Bevor wir zum nächsten Teil kommen, nehmen Sie bitte diesen Gedanken mit: Wir Menschen tun immer so, als hätten wir tausend Fragen, auf die Gott eingehen müßte. Es ist Zeit, nachzudenken:

Er, Jesus, der Sohn Gottes, fragt, und er erwartet, daß wir endlich mal antworten.

Wieviel ungelöste Probleme würden sich wie Nebel in der Sonne auflösen, wenn wir es wagten, einmal dieser Anfrage Jesu standzuhalten. Und wieviel intellektuelle Ungereimtheiten bekämen plötzlich Sitz und Stich, wenn man nicht mehr die ganze Welt mit den eigenen Fragen beschäftigen würde, sondern wenn man sich einmal dazu hinreißen lassen würde, der Frage Jesu nachzudenken.

Die Anfrage liegt vor. Sie zwingt zur Besinnung, was man gewinnen und was man verlieren will, und sie zwingt auch zur Besinnung, was man denn nun unter Jesus verstehen will und was man nicht verstehen will. Es ist wirklich Zeit, darüber nachzudenken.

5. Die Entscheidung

Bevor wir über die Antwort des Petrus sprechen, lassen Sie mich etwas vom Wesen der Entscheidung sagen. Man unterliegt hier sehr oft dem Irrtum, als ginge es bei der Entscheidung für oder gegen Jesus um eine Freiheit in der Gestalt, als wenn zwei Wege gleichrangig nebeneinander lägen und man nun entweder so oder auch anders gehen könnte. Das ist aber bei der Entscheidung für die Wahrheit nicht so. Ich möchte das erklären:

Die Behauptung Jesu läßt zutiefst gar keine Entscheidung in dem Sinn: „Entweder gehe ich A, oder ich könnte auch den Weg B gehen" zu. Er steht in der Welt- und Menschheitsgeschichte und sagt: „Es ist längst über euch entschieden, wo das Leben, wo die Wahrheit und wo der lebendige Gott ist und wo er nicht ist!"

Während eine ganze Welt verzweifelt nach der Lösung der Leidfrage sucht, während alle Welt mit der Schuld und dem Bösen fertig werden möchte, und während seit Jahrtausenden über die unheimlich schweigende Macht der Vergänglichkeit und des Todes nachgedacht wird, während überall und zu allen Zeiten gefragt wird, wie das Leben sinnvoll gestaltet werden kann, steht Jesus mitten unter den Menschen und sagt:

„Was ihr sucht, ist das Leben. Und dieses Leben bin ich. Hört auf zu suchen, kommt zu mir. Und da ihr alle sucht und alle nichts finden werdet, was euch das Leben erfüllt, was euch von der Schuld löst und was euch Gewißheit über die letzte Instanz gibt, darum kommt alle her! Ich bin der, den ihr zutiefst alle sucht! Darüber braucht ihr nicht mehr zu streiten, das ist von Gott beschlossen. Ich bin es. Darüber läßt sich auch nicht mehr abstimmen!"

Das Unerträgliche für den Menschen liegt hier: Er kann dieser Behauptung Jesu keine andere Behauptung mit gleicher Dichte entgegensetzen, denn dieser Anspruch Jesu ist ohne Vergleich in der Welt. Kein Buddha, kein Mohammed, kein Philosoph, kein noch so tiefsinniger Denker hat gewagt, was Jesus gesagt hat. Während bis zu dem Datum Jesu von Nazareth die Menschheit sagen konnte: „Wir versuchen es mal so!", und später sagen konnte: „Nun versuchen wir es mal anders!", sind wir seit Jesu Kommen von vornherein von der Position Jesu bestimmt: „Außer mir gibt es gar keinen Weg, alles Suchen ist zwecklos. Außer mir weiß keiner, was zwischen Himmel und Erde gespielt wird. Außer mir durchschaut keiner das Wesen dieser Welt und das Wesen Gottes!"

Die Härte an dieser Behauptung Jesu liegt darin, daß sie nicht als Gesprächsbeitrag zu Fragen der Religion und Philosophie eingebracht werden kann. Die Behauptung Jesu ist keine Addition zu anderen Faktoren, sie will als Letztaussage verstanden werden. Anders formuliert muß es so heißen: Jesus ist nicht ein Teil der Welterkenntnis, er ist das Ganze der Welt. Das heißt weiter, wer nicht angeschlossen ist an seiner geistigen Wirklichkeit, der begreift weder, was in der unsichtbaren Welt vor sich geht, noch kann er begreifen, was in der sichtbaren Welt wirklich vor sich geht!

Einfacher ausgedrückt: Ein Mensch ohne Christus kann noch nicht einmal richtig mit der Welt umgehen. Er weiß nicht, was Medizin ist, was Sexualität ist, wie man Theologie studieren und begreifen soll usw. und er kann die einfachsten Probleme noch nicht einmal richtig erkennen. Er ist nicht in der Wahrheit. Das heißt: Selbst seine Probleme hat er nicht richtig erkannt, auch wenn er sämtliche wissenschaftlichen Analysen eingebracht hat, die er einbringen konnte. Zum Wesentlichen ist er noch gar nicht gekommen, weil ihm dazu die Wahrheit, d. h. Jesus Christus selbst fehlt!

Während der menschliche Geist versucht, die verschiedenen Wege und Möglichkeiten menschlichen Erkennens zusammenzubinden, um dann die Wirklichkeit zu erkennen, wie sie ist, tritt mit dem Anspruch Jesu eine Letztaussage ein, die alle anderen Aussagen von vornherein bestreitet, Wesentliches über die Dinge auszusagen.

Darf ich Sie bitten, dies genau zu hören: Zwar können die verschiedenen Wissensgebiete vieles zu den Einzelgebieten, zu ihren Funktionen und Abläufen Hervorragendes sagen – man denke an das Gebiet der Physik, der Neurologie, der Biochemie, um nur einige zu nennen – aber über das Wesen und den letzten Zusammenhang der Dinge, über ihre sinnvolle Zusammengehörigkeit zum Ganzen können diese Wissensgebiete keine Aussage machen. Anders formuliert: Ursprung, Wesen und Ziel aller Dinge bleiben verborgen. Wir haben nur unendliche Teile, denen wir nachdenken und nachsinnen können.

Alle Teile aber gehören zu einem großen Ganzen. Weiß ich aber nicht, wie das größere Ganze beschaffen ist, kann ich letztlich auch nicht mit Bestimmtheit über die Teile sprechen. Weiß ein Mediziner z. B. nichts über das eigentliche Wesen des Menschen – und er kann es innerhalb seiner Schulmedizin nicht wissen –, dann weiß er zutiefst auch nichts über das Wesen der Gesundheit und der Krankheit.

Weiß ein Physiker nichts über das Wesen der organischen und anorganischen Wirklichkeit, weiß er nichts über das letzte Woher und Wohin, dann steht er gerade dann vor dem größten Rätsel, wenn er in seiner Forschung um letzte Klarheit ringt.

Diese Überlegungen nach Wesen und Klärung der Dinge lassen sich auf allen Wissensgebieten durchführen. Es gehört zu der großen Unruhe unserer Zeit, daß Männer wie C. F. Weizsäcker, Victor v. Weizsäcker, Karl Heim, Günter Howe, Pasqual Jordan u. a. innerhalb ihrer naturwissenschaftlichen Arbeit die Frage nach dem Wesen, dem Ursprung und Ziel der Dinge neu gestellt haben, und daß unsere Generation auf diese letzten Fragen gestoßen ist.

Und genau in dieser Frage nach dem Wesen der Dinge, steht der Anspruch und die Aussage Jesu: Ich bin Ursprung und Ziel aller Dinge, Alpha und Omega, Begründung und Sinn allen Lebens!

Das unerhört Dramatische an dieser Aussage Jesu besteht darin, daß man nichts dagegenzusetzen hat.

Man kann mit Jesus nicht darüber reden in der Weise, daß man sagt: „Nun, du hast deine Meinung, ich habe auch eine!" Jesus bietet sich in dieser Weise nicht als Gesprächspartner an, er fordert wie einer, der nicht zur Diskussion einlädt, sondern zur Aufgabe des eigenen Standortes und damit zur Übernahme seiner Wahrheit.

Ich darf kurz dieses einschieben: Es gehört heute zum Schlimmsten, was man über einen Gesprächspartner sagen kann, wenn es heißt: „Mit dem kann man ja gar nicht reden. Der hält seine Ansicht für absolut und wahr!" Und es ist ja auch so: Wer so auftritt, hat jedes Gespräch unmöglich gemacht. Er ist letztlich gemeinschaftsunfähig, denn Begegnungen zwischen Menschen geschehen ja gerade so, daß man Meinungen austauscht, zuhört, dieses oder jenes übernimmt und so einen Prozeß des Miteinander erlebt. Aber eine absolute Behauptung macht ja gerade jedes Gespräch und jede Gemeinschaft unmöglich.

Genau dies aber ist bei Jesus der Fall: Er läßt in dem oben genannten Sinn keinen Platz zum Gespräch, da sein Auftreten immer auch zugleich das Behaupten *der* Wahrheit in sich schließt.

In diesem Sinn ist die Entscheidung längst gefallen. Die Frage heißt also:

Welche Art von Entscheidung muß denn nun gefällt werden? Wie sollen wir uns denn ihm gegenüber verhalten? Wie sollen denn nachdenkliche Menschen mit all den Fragen und mit all ihren Wissensbereichen seine Nähe suchen und ertragen können?

Die Antwort wird für manchen ebenfalls eine schwer

zu ertragende Zumutung sein. Aber soweit wie ich diese Dinge begreife, wird das so aussehen müssen:

Die Entscheidung, die ein Mensch zu fällen hat, muß heißen: Da Jesus Person ist, komme ich nicht an sein Geheimnis heran, indem ich sein Wort untersuche und begreifen will, sondern seine ICH-BIN-Aussage erschließt sich nur dem, der sich diesem ICH-BIN aussetzt.

Ich kann mich aber nur diesem ICH-BIN aussetzen, indem ich diesen Herrn kennenlerne. Ihn kennenlernen aber heißt, seinem ganzen Lebensweg nachgehen. Es gehört zum Geheimnis der Christuserkenntnis, daß er sich den Menschen immer nur „auf dem Wege" öffnet. Dieser Weg, der gegangen werden will, ist für uns das stille und stete Betrachten seiner Lebens- und Leidensgeschichte, seines Sterbens und seiner Auferstehung.

Es wird nicht zu ihm gebetet, indem ich mit ihm reden will, sondern indem sich seine Gestalt, sein Wort und sein Handeln mir, dem suchenden Menschen erschließt, beginne ich mit ihm in Zwiesprache zu treten.

Alle hohen und tiefen Gedanken über Sinn und Zusammenhang, über Wesen und Sein werden nicht einfach gedacht, sondern folgen dem Kennenlernen. Es ist eine Offenbarung, daß Jesus zu seinen Erdenzeiten nicht einige Vorträge gehalten hat, über die man dann hätte zur kritischen Aussprache kommen können, sondern daß er jene, welchen er sich offenbaren wollte, mitgenommen hat, damit sie in seiner Gegenwart, im Wandern durch das Land, durch die Dörfer und Städte im Reden und Schweigen, im Tun und Lassen das Geheimnis seiner Wirklichkeit schauen und begreifen sollten.

An dieser Vorrangigkeit des Kennenlernens kommt keiner vorbei. Und wo immer ein Mensch in die Tiefe des ewigen Erkennens geführt wurde, wurde er auch immer zuerst in die Einsamkeit des gemeinsamen Weges mit der Person Jesu geführt.

Es ist diese einfache und doch gewaltige Entscheidung, die von uns verlangt wird. Hier geschieht die Erschließung seines Geheimnisses, das sich in seinen ICH-BIN-Worten anzeigt. Es läßt sich in den 2000 Jahren Kirchengeschichte nachweisen: Alle die großen Gestalten der Kirche lebten in der Gleichzeitigkeit des Wanderns und Redens und Tuns auf dem Wege von Nazareth nach Jerusalem. Und es gehört zum Irrtum unserer Zeit, daß man meint, das N. T. mit größter Gründlichkeit historisch und philologisch befragen zu können, ohne sich auf den betrachtenden Weg Jesu mit seinen Jüngern zu begeben.

Damit Sie mich recht verstehen: Es ist gerade nichts gegen die historische und philologische Arbeit gesagt, aber es muß gesagt sein, daß die Betrachtung der Gestalt Jesu, das Sehen seiner Taten und das Hören auf das Wort, so wie es uns die Schreiber des Neuen Testaments vorgelegt haben, zu der Einfalt gehört, die nun doch zutiefst allem geistlichen Leben gemäß ist.

Ich habe nie gefunden, daß die geistigen Giganten der Kirchengeschichte, seien es Paulus oder Johannes, Augustin oder Anselm von Canterbury oder Luther, Bengel oder Spurgeon, Schlatter oder Heim, oder wie immer sie geheißen haben, kindisch im Denken waren.

Aber ich habe gefunden, daß gerade ihre geistige Schärfe geboren war aus der Einfalt der Christus-erkenntnis.

Wie sich dieser Herr dann einem Menschen erschließt, das ist gewiß und immer seine Sache, aber daß wir uns seinem Geheimnis öffnen, das ist und bleibt unsere Sache.

Es gibt keinen Beweis, der sich theoretisch und auf wissenschaftlicher Distanz erbringen ließe, ob Jesus wirklich die Wahrheit und das Leben ist. Darum gibt es auch kein System, das einsichtig machen könnte, ob Jesus wirklich die letzte Instanz ist. Und darum gibt es auch keine intellektuelle Entscheidung derge-stalt, daß man sagen könnte: „So, nun habe ich einge-sehen, daß die Sache mit Jesus richtig ist, nun will ich mich dafür entscheiden!" Genausowenig gibt es den Satz: „Ich habe einige Fehler im christlichen Sy-stem gefunden, darum entscheide ich mich dagegen!" Beides gelingt nicht und ist in sich unsachlich, denn wenn er *die* Wahrheit, wenn er wirklich *das* Leben ist, dann entzieht er sich meiner Erfaßbarkeit. Ich kann dann gerade nicht sagen: „So muß es sein und so begreif ich ihn!" Wahrheit ist immer größer, als das, was ich von ihr denken und aussagen kann. Leben ist immer umfassender, als daß es sich in dieser oder jener Weise beschreiben ließe. Darum ist der Mensch zutiefst darauf angewiesen, daß die Wahrheit Jesu Christi sich offenbart.

Ein Mensch kann also niemals von sich aus herausbe-kommen, ob Jesus die Wahrheit und das Leben ist oder nicht, er kann immer nur erwarten. Nichts läßt sich ertrotzen, wohl aber läßt er sich bitten.

Ich weiß, daß diese Haltung eine Zumutung für den Menschen der Hybris und der Selbstachtung ist. Aber es gehört zum Wesen der Wahrheit: Nicht wir Menschen beschließen, wann und wie sich das Ewige zu offenbaren hat. Nicht wir entscheiden, wann sich der Himmel zu öffnen hat. Wir bleiben diejenigen, die beschenkt werden müssen, und Gott bleibt derjenige, der uns beschenkt, wann und was und wie er will.

Maria sagt im Magnificat:

„Er stößt die Gewaltigen vom Thron, und er erhebt die Niedrigen!" (Luk. 1, 52).

Niedrigkeit zeigt sich in Haltung des Empfangens und Bittens. Und nur diese Entscheidung ist vom Menschen, von uns zu fällen. Ob wir dieses noch wagen? Das ist die Frage!

Die Pharisäer und Schriftgelehrten hatten Jesus genau zugehört. Ihr System, ihre Prämisse ließ sie nicht mehr mitgehen, sondern weggehen. So kann man dem Leben ungeheuer nahe gekommen sein. Dennoch gingen sie weg. Sie hatten nicht gehört, was sie hören sollten, sondern sie hatten gehört, was sie hören wollten.

6. Die Überwindung: Du bist Christus

Nun war es gesagt. Jesus hatte sich offenbart, und er fragte in der Freiheit, die nur der hat, der seiner Sache unendlich gewiß ist:

„Wollt ihr nicht auch weggehen?"

Jesus zwingt nicht. Seine Wahrheit vergewaltigt nicht,

sie überredet und zwingt nicht. Sie bietet sich an, aber sie bietet keine Gewalt an. Das Kommen Jesu ist im Tiefsten keusch, unaufdringlich, still und ohne Gestikulation. Es bedarf keines Eiferers, keiner lautstarken Reklame. Die Wahrheit Gottes bedarf weder der Verteidigung noch des leisesten psychischen Druckes. Sie ist nicht darum wahrer, weil viele ihr glauben. Jesus ist wahr, weil Gott ihn dazu gemacht hat. Und was Gott beschlossen hat, das übersteht und überdauert alle Feindschaft und alle Jahrtausende. Man kann die Mächtigkeit Jesu nie überschätzen, sondern immer nur unterschätzen. Darum kann Jesus jeden freigeben, der nicht aus eigenem Herzen zu vertrauen bereit ist. Er ist sowieso *die* Wahrheit und *das* Leben, er ist ohne unsere Wahl das Brot, von dem alle leben. Er ist ohne unsere Abstimmung Sinn und Ziel, Begründung und Hoffnung allen Lebens. In ihm offenbart sich alles Sein und alle Wirklichkeit. Alles Leben ist in ihm beschlossen. Nichts ersetzt ihn, aber er ersetzt alles, egal, ob wir das glauben oder nicht. So steht er vor den Jüngern, er, der verachtete Jesus von Nazareth.

Und dann antwortet ihm Petrus. Während die Führer des jüdischen Volkes in der Behauptung Jesu nur die Zumutung eines Wahnsinnigen heraushören, und ihn darum radikal ablehnen müssen, sieht Petrus in Jesus die ewige gültige Wirklichkeit. Und was er dann sagt, wird für jeden, der genau hinhört, genauso schwer zu ertragen sein, wie alles, was bis jetzt zugemutet wurde:

„Wohin sollen wir gehen? Du bist Christus, der Sohn des lebendigen Gottes. Das haben wir geglaubt und erkannt."

Nun ist also genau das geschehen, was wir eben besprochen haben: Ein Mensch ist von der Wahrheit überwunden. In dem Bericht, den uns Matthäus über diese Petruserkenntnis gibt, sagt Jesus: „Fleisch und Blut haben dir das nicht offenbart, sondern mein Vater im Himmel!" (Matth. 16, 17).

Um dieses Geheimnis geht es: Was der Mensch Simon vom See, genannt Petrus, hier zu sagen wagt und zu sagen hat, ist kein frommer Traum, sondern ist das Ziel Gottes im Leben eines Menschen. Mitten in all die Vergänglichkeit, in alle Ungewißheit und in all das Elend des sterblichen und zerfallenen Menschen, will Gott *die* Erkenntnis des ewigen Lebens hineingeben.

Noch einmal: Das Wort des Petrus ist nicht der Traum des Menschen, der sich einen Himmel auf Erden herbeisehnt, sondern das ist von Gott selbst gewollt. Wenn Petrus in dieser Stunde sagen kann, was dem ganzen jüdischen Volk bis zur Stunde noch verhüllt ist, und was Millionen sogenannter Christen nicht zu denken wagen, dann handelt es sich nicht um einen geistigen Willensakt, sondern um einen göttlichen Erfahrungswert. Petrus glaubt nicht darum, daß Jesus der Christus ist, weil er es gerne so haben wollte, sondern weil Gott es so wollte, konnte Petrus es glauben und sagen! Und ziehen wir die direkte Linie zu uns:

Wenn wir auch bei dem Thema „Wille Gottes" tausend Fragen begegnen, aber dies will Gott bestimmt: Er will uns Menschen die Augen öffnen, wer dieser Jesus in Wirklichkeit ist. Denn alle weitere Erkenntnis über das Sein und Werden dieser Welt, über Hohes und Tiefes, über das Wesen und über die Eigentlichkeit der Dinge setzt immer erst an in dem Begreifen und Durchschauen dieses Mannes aus Nazareth.

Darf ich dazu ein Bild bringen: Wenn ein Mensch niemals in seinem Leben verliebt war, wenn ihn also, um es mit diesen Worten zu sagen, der Geist der Liebe nie berührt hat, dann sieht er die Welt anders, als wenn jemand, der tief ergriffen ist von der Liebe, durch die Welt geht. Ein liebender Mensch sieht alles anders: Den Himmel und die Erde, die Blumen und die Musik, den Tag und die Nächte, den Leib und den Geist, alles wird anders gesehen und begriffen. Der Liebende durchschaut Dinge, von denen der Nichtliebende nichts weiß, und der Liebende weiß um Zusammenhänge, von denen andere nur kopfschüttelnd Kenntnis nehmen können. Ein liebender Mensch bekommt ein weites Herz, er achtet weniger auf den Vordergrund, sondern schaut erstaunlicherweise hindurch zum Wesentlichen.

Genauso geht es einem Menschen, der von der Macht des Geistes Gottes berührt ist: Er sieht alles anders. Und das Aufregende an dieser Sicht: Er sieht es, wie in Wahrheit die Dinge sind. Genau hier liegt die Zumutung für den Menschen.

Viele sind bereit, Jesus einen höheren Grad der Erkenntnis zuzugestehen, aber daß es Menschen gibt, die ebenfalls von dem Geist der Wahrheit erfüllt sein sollten, das ist einfach nicht erlaubt. Aber genau um diese Einsicht geht es:

Der ewige Gott, unfaßbar und undenkbar, unverfügbar und über alles verfügend, nimmt Wohnung im Leben des sterblichen, vergänglichen, irrenden und fehlerhaften Menschen. Größeres kann vom Menschen nicht gesagt werden, als wenn ihm das widerfährt. Denn alle Überwindung seines Leides, seiner Schuld, seiner Todesverfallenheit und seiner ganzen Lebenskrise (siehe Vortrag 1) liegt genau in dem überwindenden Einbruch der Macht Gottes. Und ich wiederhole: Das Ziel des Menschseins liegt nicht in der Erhöhung des Gehaltes, nicht in der Karriere, nicht in der Bildungsreform, sondern das Ziel, das Gott mit dieser Welt hat, liegt darin, daß der Mensch erkennen soll, wer Gott ist, wer sein Sohn ist, und wie von Gott her diese Welt begriffen und gestaltet werden kann und soll und darf.

Wir müßten also den für viele ärgerlichen Satz sagen: Hier in unserem Abschnitt in Johannes 6 wird einer erstaunten Menschheit vorgeführt, wo ihr Ziel liegt! Simon Petrus ist am Ziel des Menschseins angelangt! Er hat erkannt, wer Jesus ist. Damit hat er auch erkannt, was diese Welt zusammenhält und von woher diese Welt kommt und wohin diese Welt geht. Er hat in einem Augenblick durchschaut, wo die Hoffnungen der Menschen liegen und wo sie niemals zu liegen haben. Er weiß jetzt, wo die Schuldfrage und das Leid, die Unheimlichkeit des Todes und die ungelöste Frage nach dem letzten Wort über dieser Welt gelöst werden. Er ist in diesem Augenblick der wissendste Mensch, den es auf der Welt gibt. Das alles liegt in dem Satz: „Du bist Christus, der Sohn des lebendigen Gottes!" beschlossen.

Und genau zu dieser Erkenntnis will Gott den Menschen bringen. Man kann auch anders sagen: Er will den Menschen aus dem Dunkel ins Licht führen, aus der Unwissenheit in die Erkenntnis.

Damit stehen wir vor einer folgenschweren Überlegung, an der wir nicht vorbeigehen dürfen. Sie gehört mit zu der Zumutung, durch die wir hindurch müssen. Wenn Petrus hier Jesus erkennt, dann erkennt er ihn als den „*CHRISTUS*".

Es geht also jetzt um die Frage: Was hat er erkannt und was ist das, was wir an Jesus zu erkennen haben? Wohin will der ewige Gott einen Menschen erkenntnismäßig führen, damit von dieser Erkenntnis her das Leben gestaltet wird?! Was bedeutet der Name Christus?

Um vorweg dies zu klären: Ist Jesus der Christus, dann ist er nicht mehr der große Mensch – das ist er auch – er ist nicht der Religionsstifter – sicher könnte man ihn religionsgeschichtlich auch dazu rechnen – er ist nicht der Wundertäter, Menschenfreund, Helfer der Armen, Verteidiger der Unterdrückten, das alles kann man ihm auch nachsagen, daß er sich so verhalten habe. Aber was Petrus erkennt, ist etwas ganz anderes. Und nun ist dies entscheidend wichtig:

Wer von Jesus redet, wer sich auf ihn bezieht, sei es in der Ethik oder in der Philosophie, sei es im einfachsten Gospel Song oder in der tiefsinnigsten Vorlesung der Theologie, der muß auch sagen, ob er in diesem Jesus den Christus sieht oder ob er ihn anders verstehen will.

Eines steht fest: Wird Jesus nicht als Christus erkannt, dann mag man zwar in große Jesus-Begeisterung ausbrechen, aber es bleibt alles im Seelischen, im Gefühlvollen und damit im Unechten stecken. Eine Jesusliebe kann zur Christuserkenntnis führen, aber wem die Christuswirklichkeit der Person Jesu fremd bleibt, der wird weder die Höhen und Tiefen dieser Welt noch die Gründe und Abgründe des menschlichen Wesens begreifen können.

Es sagt also noch nicht viel, ob jemand von Jesus angetan und begeistert ist. Das waren damals auch Tausende, die aus seiner Hand das Brot empfingen. Es muß noch nicht viel heißen, wenn jemand vom Liebesgebot Jesu tief ergriffen, von seiner Menschlichkeit fasziniert und von seinem Gottesvertrauen hingerissen ist. Sicher, und ich will das wahrhaftig nicht abwerten, immer beginnt der Glaube an Christus mit der sehr menschlichen Begegnung und der darausfolgenden Faszination. Aber es wird und muß sich ereignen, was Simon erfahren hat: Nach Jahren des Wanderns und des Kennenlernens brach die eigentliche Erkenntnis durch. Bevor es zu dieser Erschütterung kam, hat Simon Großes und Hinreißendes erlebt, er hat mit dem Jesus aus Nazareth zusammen geredet und geschwiegen, sie haben den Sturm erlebt, und Simon hat zugeschaut, wie unter den Händen Jesu das Elend geheilt, die Toten auferweckt, die Besessenen befreit und Dämonen verjagt wurden. Er hat gehört, wie er die Sünder zu sich rief, den Ärmsten im Volk eine frohe Botschaft verkündete und den Schriftgelehrten ein solches Verständnis von Gott vermittelte, daß sie alle entsetzt waren. Und ganz gewiß wird Simon auch menschlich hingerissen und begeistert gewesen sein. Aber das alles war Vorbereitung; das Eigentliche, den wirklichen Durchblick, den bekam er jetzt in der Stunde der Offenbarung Jesu, in der Stunde der unerträglichen Zumutung.

Was heißt das nun: Jesus ist der Christus? Wir müssen einen kurzen Augenblick in die Geschichtserwartung des jüdischen Volkes hineinblenden. Christus ist die griechische Form des jüdischen Wortes „Messias". Der Messias ist der, der von Gott beauftragt und dazu bestellt werden sollte, um die Herrschaft Gottes in dieser Welt auszurufen und zu verwirklichen. Wenn man die Formulierung hört, „der Gesalbte Gottes", dann ist damit das gleiche gemeint. Dahinter steht das Bild, daß der König mit heiligem und heilendem Öl bestrichen wird und damit in seine Rechte und Pflichten und in seine unverfügbare Herrschaft über sein Reich eingesetzt wird.

Die ganze Erwartung des Judentums ging dahin, daß man auf den wartete, der von Gott selbst eingesetzt würde, um das ewige Reich Gottes zu bringen und zu verwirklichen. Wenn der Messias, also der Christus, kommen würde, dann würde der Tod und das Leid, das Böse und das Dunkel, das über allen Menschen lastete, beseitigt werden. Wenn der Christus kommt, so erwartete man im Volk Gottes, dann würden die Völker wieder zurechtgebracht, und die Menschheit bekäme einen wahren Hirten, der sich nicht mehr verlaufen würde, wie all die vielen Führer der Menschheitsgeschichte, sondern dieser Hirte würde alle in eine heile und wahrhaftige Welt führen. Der Messias = Christus ist also damit nicht mehr auf den jüdischen Raum beschränkt, sondern gewinnt universalen Charakter. Der Christus ist keine Winkelangelegenheit, sondern muß als die alles beherrschende und alles verfügende Gestalt und Macht verstanden werden. Dies war dem jüdischen Volk durch die mächtigen und rätselvollen Gestalten der Propheten versprochen worden.

Christus, das kann auch so übersetzt werden: Es wird eines Tages eine Person auftreten, durch die der ewige

Gott selbst in Raum und Zeit auftritt. Nicht Menschen, nicht Geschichtskonstellationen, sondern die Ewigkeit selbst wird sich hier endgültig zu Wort melden.

In Christus wird dann die Frage nach dem Bösen gelöst. Er wird der Geschichte der Völker den Weg zeigen und das Ziel herbeiführen. Alle Kräfte der sichtbaren und der unsichtbaren Welt, des Mikro- und des Makrokosmos werden von ihm gehalten und zum Ziel geführt, das er, der Christus Gottes, dieser Welt setzt.

Man kann es auch so formulieren: Das Absolute wird in Christus sichtbar. Wovon die Denker geträumt, was die Giganten geahnt und was die Welt zutiefst erwartet, das kommt in der Gestalt und in dem Wesen des Christus in Raum und Zeit.

Christus, das ist die Offenbarung der ewigen Welt. Was immer Menschen von Gott gesagt, gedacht, geschrieben und gesungen haben, es wird sichtbar und aussagbar werden in dem Christus. Er wird die Macht haben, die Welt zur Vollendung zu führen, die Geschichte abzuschließen und das Reich zu beginnen, das ohne Schuld und ohne Tränen, ohne Leid und ohne Tod sein wird. Alles hängt zusammen mit der Person und der Macht des Christus.

Noch einmal: Diese Erwartung des Christus war in den Juden wachgerufen worden. Daraufhin lebten sie in einzigartiger Weise. Sie waren erfüllt „von dem, der da kommen soll".

Es muß aber in diesem Augenblick noch etwas gesagt werden: So seltsam es klingt, aber es ist wahr. Die Hoffnung auf den Christus war dem jüdischen Volk bewußt gemacht, aber die Erwartung, daß irgendwann irgendwer dieser Welt eine Erfüllung bringen sollte, die lebte auch in allen anderen Völkern. Mag die Erwartung nun religiöse oder politische Züge tragen. Eines stimmt gewiß: Über der ganzen Menschheit lastet seit Jahrtausenden eine Sehnsucht nach einer vollkommenen Erde.

Wenn man die Menschheitsgeschichte bis in unsere Tage daraufhin einmal durchblättert, dann begegnet uns ständig diese sehnsüchtige Erwartung.

Was war denn, um nur in der Neuzeit zu bleiben, der tiefere Beweggrund der Französischen Revolution, wenn nicht „die neue Welt"? Was trieb den Juden Karl Marx, wenn nicht die Verwirklichung einer wie auch immer gearteten Messiashoffnung? Was steckt hinter all dem Verlangen nach Revolution und Erneuerung? Stoßen wir hier nicht auf die nie zu begreifende Ursehnsucht aller Menschen? Ist nicht jeder Mensch in seinem kleinen bißchen Leben letztlich unterwegs zu dem, „der da kommen soll"? Muß nicht alle Sehnsucht zutiefst so begriffen werden?

Würden wir nicht gerade in unserer geschichtlichen Situation neu davon reden können und müssen, daß die Völker Asiens und Afrikas Ausschau halten nach einer Erfüllung, nach einem Sinn der Geschichte? Was steckt denn hinter dem Kapitalismus anderes als der Versuch, auf diese Weise die Erfüllung des Lebens zu erreichen?! Was will Mao Tse-tung denn anderes, als auf seine Weise die Hoffnung von 700 Millionen zu wecken und zu erfüllen?

Es scheint mir von größter Wichtigkeit, daß wir das Wort des Petrus herauslösen aus der Winkelangelegenheit einer jüdischen Tradition. Hier wird *das* Thema der Menschheitsgeschichte verhandelt. Und wenn man dieses Thema kurz formulieren wollte, dann müßte der Satz heißen:

Eine Menschheitsgeschichte ist seit Jahrtausenden voller Sehnsucht unterwegs zu dem unbekannten, namenlosen Etwas, das alle Hoffnungen erfüllen, alles Leid beenden und alle Schuld wegwischen müßte. Die Welt wartet nicht auf dies oder das. Sie wartet zutiefst und doch unwissend auf diese Erfüllung. Und was für die Welt als Ganzes gilt, das gilt für jeden einzelnen Menschen auch. Darum lassen Sie es mich wiederholen:

Sie und ich, wir warten nicht auf dies oder das, nicht auf Geld und Ehre und Befriedigung der Sinne, nein, Nietzsche hatte recht: Alle Lust will tiefe, tiefe Ewigkeit! Darauf warten wir, darauf sind wir angelegt, ob wir das wissen oder nicht.

Und Petrus sagt zu diesem unscheinbaren Jesus aus Nazareth: „Du bist der, auf den die ganze Welt wartet! Du bist der, der alle Räume und alle Engigkeiten füllen kann. Du bist beauftragt, das Leid zu überwinden, das Böse zu vernichten und die Schuld ungeschehen und vergessen zu machen! Du hast die Vollmacht, den Tod zu relativieren und dem Leben aus Gott, dem ewigen gültigen Leben in dieser Welt eine Bahn zu schaffen! Du bist Christus! Du vollendest die Geschichte."

Nun bleibt nur noch das Schweigen: Wer wird diesem Bekenntnis des Petrus Glauben schenken? Wer wird das ertragen, in diesem Jesus von Nazareth die Erfüllung der Geschichte zu sehen? Wer läßt sich auf dieses Bekenntnis ein?

Lassen Sie mich, bevor wir zum letzten Absatz kommen, ein Wort von Hermann Bezzel vorlesen.

Er schreibt in seiner Katechismusauslegung: „Und wenn wir unserem Herrn andere, ja die höchsten Namen geben würden, Genie ohnegleichen, Talent ohne Grenzen, Held höchster Verehrung würdig, Märtyrer aus Überzeugung, wenn wir alles, was wir an Lobpreis wissen, auftürmten, es würde das alles nicht an das eine schlichte Bekenntnis heranreichen: Gott ist Hilfe!

Und dieser Jesus heißt *Christus*. Und Christus heißt der Gesalbte, d. h. die ewige Gotteshilfe stieg hernieder auf die Welt, mit dem Geist der Willigkeit gesalbt, mit dem Geist der Beständigkeit begabt ... so daß für ihn kein Raum zu eng und zu tief, keine Zeit zu dunkel, zu einsam oder zu düster erachtet wurde, daß er sich nicht hineinbegäbe ... Und wenn ein Mensch nach langer vergeblicher Irrfahrt und nach einem oft verdunkelten Leben endlich und zu guter Letzt nach dem Licht Ausschau hält, dann ist es nicht eine scheidende Sonne, die zu uns käme, sondern dann kommt in unser Scheiden die Sonne Gottes, der Christus zu uns ... Das sind nicht fromme Lehren, nein, das sind in seinem Namen verankerte, in seiner Größe beschlossene Herrlichkeiten ... nicht falsche Salbung, die mich abschreckt, nicht übergeistliche Weisheit, die mich verletzt, sondern rein menschliches Erbarmen, rein menschlich, weil echt göttlich ... Viele wahrhaft geistig Gesalbte sind über die Erde gegangen, aber in ihrer Größe und Majestät lag etwas, das meine Seele erschreckte. Aber ‚dann bist du, mein Heil, kommen und hast mich froh gemacht‘. Das ist die Majestät Christi, die den Abstand vergessen und den Unterschied nicht achten läßt, denn er war wie wir. Das ist die Christusmächtigkeit von oben, die sich nicht etwas vergab, da sie im Schmutz der Erde die verlorene Königsmünze suchte und unter Dornen den Verirrten fand!"

Es sei die Frage zum Schluß erlaubt: Welchen Jesus wollen wir? Den Jesus, der menschenfreundlich seine Ethik anbietet? Oder genügt uns der Jesus, der ein Anlaß tiefsinniger Betrachtung wird? Ist uns ein Jesus ausreichend, der uns die Brotfrage in unserem Sinne löst?

Wollen wir einen Jesus, mit dem wir unsere oberflächlich weltlichen Aktionen geistlich abdecken können, mit dem wir unsere scheinbaren Machtansprüche verwirklichen können? Wollen wir das bereits mit dem Wort „christlich" belegen, was wir unter unserer zeitgenössischen bürgerlichen Auffassung vom Leben halten? Wollen wir unsere Vorstellungen, die wir aus dem Idealismus entnommen haben, mit einigen Bibelversen garnieren und dann als Christentum verkaufen? Wer wirklich Wahrheit will, der muß unerbittlich diese Frage stellen: Welchen Jesus wollen wir?

Ich halte dafür, daß der grauenhafteste Irrtum dort entstehen muß, wo man Jesus sagt und den Christus nicht meint! Wo man sich auf das Neue Testament beruft und zutiefst nur sich selbst und die augenblickliche modernistische Strömung meint. Wer Jesus sagt und nicht den Christus Gottes meint, der hat mit biblischem Vokabular das größte Ereignis, das jemals in der Weltgeschichte stattfand und stattfindet, zum harmlosesten Jesus-Geschwafel degradiert. Vor dieser Pervertierung bewahre uns Gott selbst. Denn dann müßten wir scheitern, wir blieben ohne lebendigen Glauben, ohne Hoffnung und ohne die Kraft des neuen Lebens, das eben immer nur da aufbricht, wo diesem irdischen Jesus als dem Christus Gottes geglaubt wird.

7. Wohin sollen wir gehen?

Petrus, der Überwundene Gottes, kann und muß jetzt in dieser Erkenntnis antworten, die seit 2000 Jahren den gleichen Klang hatte, wenn man dem Christus Gottes begegnete: „Wohin sollen wir gehen? Du hast Worte des ewigen Lebens!" Lassen Sie mich dies nun in unserem Zusammenhang so formulieren:

Wohin soll ein Mensch gehen, der erkannt hat, daß in Jesus die Christuswirklichkeit Gegenwart ist? Wem soll man noch zuhören, wenn man das gültige Wort gehört hat? Was wird einen Menschen denn jetzt noch faszinieren und packen, wenn er dem Sohn Gottes in seinem Erbarmen und in seiner Majestät begegnet ist? Welche Weisheit kann einen Menschen denn jetzt noch hinreißen, wenn er die Weisheit Gottes erfahren hat? Welcher Reichtum hat noch Anziehungskraft, wenn man dem Schatz der ewigen Welt auf die Spur gekommen ist? Welche Höhe menschlicher Macht und menschlichen Stolzes kann einem das Herz nun noch abgewinnen, wenn man der Niedrigkeit Gottes in Jesus Christus zusehen durfte? Welche Ehre sucht denn ein Mensch jetzt noch, wenn er das Vorrecht erfahren hat, Kind Gottes sein zu dürfen? Welche Titel und Orden können denn nun noch einen Menschen begeistern, wenn ihm das Recht gegeben ist, mit dem Jesus Christus zu leben? Welche Freude schmeckt denn tiefer als die Freude, die Freundschaft des ewigen

Herrn sein eigen nennen zu dürfen? Wo ist denn nun noch ein Auftrag und ein Tagewerk, das einen Mann reizen und inspirieren könnte, seitdem er von Jesus Christus beauftragt ist, Menschen zu rufen und zum Heil zu führen? Wo gibt es denn jetzt noch ein lohnendes Leben, wenn man weiß, daß Jesus Christus mir in seinem Leiden und Sterben und Auferstehen eine Heimat bereitet hat, die unvergänglich ist? Welches Leiden muß ein Mensch nun noch scheuen, wenn in Christus alles Leid, alle Schuld und aller Tod überwunden ist?

Wohin sollen wir gehen? So fragt der Überwundene, und seine Frage muß sich in den Jubel verwandeln, der seit dem Kommen Jesu Christi in diese Welt eingezogen ist. Das Wesen der Christen, das sind die Menschen, die mit diesem Christus eins wurden, ist nicht die Klugheit, obwohl Christen noch nie dumm waren, ist nicht die hervorragende Sittlichkeit, obwohl die Christen sittsam sind, sondern das Wesen einer christlichen Existenz liegt im Lobgesang, dem Jesus Christus begegnet zu sein. Denn in die Christuswirklichkeit hineingenommen sein und ständig davon singen und sagen und handeln müssen, das ist eins. Alle Predigt, alle Diakonie, alles Hinopfern in diese Welt ist Folge und nicht Ursache christlicher Existenz.

Jesus Christus ist die Überwindung der Krise.

Überraschung: Der Hinweis auf das Heil und das heile Leben

Wir sprachen über die Krise des Menschen, die darin besteht, daß er keiner letzten Instanz mehr trauen kann, weil er keine Instanz hat. Daraus folgt, daß der Mensch nicht mehr wissen kann, wofür er leben und sterben soll und daß darum die Unsicherheit im Denken und in der Lebensgestaltung Einzug halten muß.

Wir haben von dem Anspruch Jesu gesprochen, daß er genau damit auftritt, daß er behauptet, daß *ER* diese Fülle allen Lebens ist. Wir hörten von der Reaktion der Feinde und von dem erstaunlichen Bekenntnis des Petrus, wir erinnern uns der Bedeutung des Namens „Christus".

Wir stehen heute vor der Frage: Woher wissen wir das, daß Jesus Christus wirklich *die* Wahrheit und *das* Leben ist? Woher nehmen wir die Gewißheit, daß wir nicht betrogene Leute sind? Ich möchte dieses Referat wie folgt aufgliedern:

Zunächst zwei Vorbemerkungen:

1. Die Überraschung

2. Die persönliche Voraussetzung

Dann folgt das Referat: Der überraschende Hinweis

1. Sie fragen Jesus

2. Was fragen sie?

3. Eine überraschende Antwort

4. Ein tiefes Problem

5. Das Zeichen des Jona:

   Golgatha: Das Sterben

   Ostern: Die Auferstehung

6. Die Gewißheit

7. Das heile Leben beginnt

Beginnen wir also mit den Vorbemerkungen:

1. Die Überraschung

Lassen Sie mich zunächst eine Begriffsklärung vornehmen zu dem Wort Überraschung. Wir verstehen es so:

Wenn jemand zu einer bestimmten Zeit ein bestimmtes Ereignis erwartet, und es trifft auf völlig andere Weise und zu einem völlig anderen Zeitpunkt ein, dann ist der Betroffene wirklich überrascht. Er hat also so und an dieser Stelle und zu diesem Zeitpunkt mit allem möglichen gerechnet, nur nicht mit dem, was dann wirklich eintrat.

Es muß weiter gesagt werden, daß also nicht der Überraschte der Bestimmende und der Handelnde ist, sondern die Überraschung wird so bestimmend, daß der Überraschte wirklich von den Ereignissen überholt wird.

Anders formuliert: Nicht der Überraschte ist Subjekt, sondern die Überraschung ist es und macht den Überraschten zum Objekt. Die Berechnungen des Überraschten gehen unter.

Damit möchte ich kurz das Wesen des christlichen Glaubens und Lebens anzeigen:

Man kann mit größtem Recht und präzisester Sachlichkeit davon ausgehen, daß alles, aber auch wirklich alles am christlichen Glauben überraschend ist!

Nichts ist so, wie der normale Mensch sich das denken könnte. Wenn die Christen vom Glauben reden, meinen sie bestimmt was völlig anderes, als was sich die Menschen sonst unter Glauben vorstellen. Wenn der Christ von Hoffnung redet, dann geht es um etwas völlig anderes, als was sich Bloch in seinem Buch dabei gedacht hat. Wenn die Christen von Freude reden, dann werden andere überhaupt nicht begreifen, von was hier die Rede ist.

Nehmen sie das bitte als erste Überraschung mit:

Sämtliche Vorstellungen der Christen, alle Phänomene des geistigen und seelischen Bereichs, alle Begründungen zum Leben und zum Handeln, die ganze Füllung der Sprache und ihre Ansichten vom Leben sind immer und total anders, als sich dies ein Nichtchrist vorstellen kann. Und das hat nun nichts mit ausgemachter Böswilligkeit der Christen zu tun, sondern das liegt im Wesen ihres Glaubensgrundes; denn der Glaubensbezug des Christen ist Jesus Christus. Und er selbst ist *die* Überraschung in Person.

Wer sich von hierher einmal das Neue Testament vornimmt, der wird erstaunt sein, in wieviel Überraschungen Jesus seine Zeitgenossen gebracht hat. Was immer um Jesus geschah und was immer er selbst tat, stets waren die Menschen unvorbereitet. Immer erwarteten sie etwas anderes, als was er dann wirklich tat oder sagte oder nicht tat und nicht sagte.

Die Überraschung begann bereits mit seinem Kommen: Was haben die Weisen aus dem Morgenland und seitdem sämtliche Theologengenerationen mit ihnen darüber nachgedacht, wo und wie Jesus denn nun zur Welt kommen würde, wie er kommen sollte, dürfte und nicht kommen konnte. Tatsache ist, daß der ewige Gott den Leib eines der unbekanntesten Mädchen aus den galiläischen Bergen aussuchte, um seinen Sohn in die Welt zu bringen. Das war und ist bis heute überraschend. Damit wird kein nachdenklicher Mensch fertig!

Überraschend sind die ersten Anbeter in Bethlehem, überraschend ist die Zeit der Geburt, überraschend ist der ganze Umstand der Flucht, überraschend sind die Fragen des zwölfjährigen Jesus im Tempel, überrascht ist Johannes der Täufer, überrascht sind die Fischer am See usw. usw. Man kann das ganze Neue Testament, die ganzen Berichte der Evangelien mit diesem einen Satz überschreiben: Jesus, die einzige Überraschung.

Ständig setzte er den Menschen neue Positionen. Und wenn die Pharisäer und Schriftgelehrten meinten, jetzt begriffen sie ihn, so war er schon wieder weiter und gab ihnen neue Rätsel auf. Sprach er eben noch von Frieden, so konnte er anschließend davon sprechen, daß er gekommen sei, um Krieg zu machen. Rief er eben noch Menschen in großem Erbarmen zu sich, so konnte er einen kurzen Augenblick später mit eiserner Hand den Tempel leerpeitschen. Jesus war im tiefsten Sinne des Wortes unberechenbar: Er ließ sich nicht systematisieren und einfangen, man konnte ihn nicht etikettieren oder festlegen. Er war für den Menschen nie Objekt, sondern trat immer als Subjekt, als Herr auf.

Das heißt: Er hielt den Gang der Ereignisse fest in der Hand. Er wußte, was er selbst wollte, und er durchschaute auch den Willen der anderen und ließ sich nie in die Rolle des Verfügbaren einplanen. Es ist wirklich erregend, daraufhin die Leidensgeschichte durchzulesen: Bis ins Verhör vor seinen Richtern, vor Kaiphas, Pilatus und Herodes blieb er der Handelnde, der, der das Geschehen bestimmt.

Auch sein Leiden in Gethsemane und Golgatha, sein Verhalten zu Johannes und seiner Mutter, zum Schächer am Kreuz und zu seinem himmlischen Vater, alles war und ist zunächst unbegreiflich und ohne direkte Einsicht.

Gehen Sie mit zum Auferstehungstag Jesu: Er war ebenso überraschend. Alle, angefangen von den ohnmächtigen Soldaten bis zum empörten Hohenpriester, von den verstörten Frauen und den herbeieilenden Jüngern, alle, ob sie damals dabei waren oder ob die Menschen es heute hören müssen: Das Entsetzen war und ist das eigentliche Zeichen der Auferstehung. Und an Pfingsten war es nicht anders: Als Petrus, erfüllt vom Geist Gottes, plötzlich Tausende von Menschen ansprach und er sich sämtlichen Ausländern verständlich machen konnte, da war es mit der Fassung der Tausenden zu Ende. Die einen entsetzten sich, und die anderen konnten in ihrer Ratlosigkeit nur noch spotten: „Sie sind betrunken!"

Die Bekehrung des Saulus von Tarsus zum Apostel der Völker kam ebenfalls für alle überraschend. Der weitere Siegeszug des Evangeliums, die Durchdringung der gesamten Kultur zeugen von einer ungeheuren, nie zu fassenden Kraft. Und wenn man bedenkt, daß im Laufe der 2000 Jahre die Kirche Jesu Christi Grauenhaftes an Sünde erlebt und selbst mitgemacht hat, dann kann man ebenfalls nur überrascht sein, wie die Kraft des Namens Jesu und des Evangeliums bis in unserer Gegenwart Menschen erreicht, verwandelt und weitertreibt.

Wenn man nun fragt, warum die Sache mit Jesus von Nazareth, der der Christus ist, so unverfügbar und unberechenbar ist, dann wird es wohl eine Menge Antworten geben können. Ich möchte hier eine einfache, aber doch zutiefst unbegreifliche Antwort geben. Das Credo der Kirche hat dieses Geheimnis, das den Hintergrund aller Unverfügbarkeit anzeigt, so formuliert:

„Jesus Christus, wahrer Mensch und wahrer Gott!" Hier liegt der Grund aller Unverfügbarkeit, allen Unverständnisses und jeder Überraschung.

Wir können uns zwar der Person Jesu, wie wir sie in den Überlieferungen, des Neuen Testaments finden, nähern. Wir können mit den Mitteln der historischen Forschung und der philologischen Arbeit eine Menge Ergebnisse erarbeiten. Aber an ihn selbst kommen wir so nicht heran. Wir können in der Systematik und in der Exegese versuchen, Grund und Ordnung in unser Denken zu bekommen, und wir müssen es auch tun. Aber alles, was wir von ihm aussagen, ist immer noch weniger, als er selbst ist.

Er hat sich in die Geschichte begeben, und so weit ist er geschichtlich greifbar, aber er ist gleichzeitig der ganz andere, unverfügbar und damit undenkbar:

Ganz Mensch – ganz Gott. Ganz einsichtig – ganz verhüllt! Dieses große Paradoxon der Gestalt Jesu Christi ist Grund allen Glaubens und christlichen Lebens.

Von hierher ist der Satz zu begreifen, den wir eben hörten: Alles, was mit dem Glauben an Jesus Christus zu tun hat, ist darum überraschend, weil es sowohl dem Geschichtlichen, dem Verfügbaren als auch dem Ewigen, dem Unverfügbaren zugehörig ist.

Aber es ist gerade die Bindung an diesen unsichtbaren und unverfügbaren Herrn, das des Christen Leben bestimmt. Während aber der Nichtchrist die Wirklichkeit des unsichtbaren Christus für ein Luftgespinst hält, erfährt der Christ die unsichtbare Wirklichkeit des gegenwärtigen Christus als eine Wirklichkeit, die sein Leben mehr und mehr bestimmt, als es dem Ungläubigen je einsichtig gemacht werden kann.

Der Christ hat also in jedem Fall mit der Wirklichkeit von Raum und Zeit *und* der Ewigkeit zu tun, während der Nichtchrist die sichtbare und denkbare Wirklichkeit für die eigentliche und letzte Wirklichkeit halten muß. Es ist also weder Böswilligkeit der Nichtchristen noch Schrulligkeit der Christen, wenn es in der Begegnung zwischen beiden ständig zu Mißverständnissen kommen muß:

Was dem Christen selbstverständlich ist, das muß dem Nichtchristen weltfremd erscheinen. Was der Christ als Glück erachtet, das hält der Nichtchrist für Schwärmerei. Und was dem Christen Trost im Leben und im Sterben ist, das ist dem Nichtchristen so egal wie nur was.

Aufregend wird die Sache allerdings dann, wenn aufgrund der verschiedenen Seinsvoraussetzungen Gestaltungen in Raum und Zeit erfolgen müssen. Genau dann kommt es zur Wahrheitsfrage. Die Überraschung, die dann ein Nichtchrist erleben kann, besteht darin, daß der Christ aufgrund seines Glaubens unerschütterlich und ohne Diskussion die Macht des Wortes Gottes und damit die ganze Wahrheit durchlebt und damit den Nichtchristen zutiefst relativiert.

Dann wird der Ärger zum Haß umschlagen, und es wird deutlich, daß auch der Christ zu leiden hat, weil er in kein Berechnungssystem hineinpaßt. Er ist im Glauben an seinen Herrn unverfügbar und unantastbar. Er gehorcht Einsichten, bei denen die Mitmenschen nur noch verzweifeln können. Hier sei nur an das ganze Kapitel der Märtyrer, der Missionare und all der Boten des Evangeliums erinnert, die ja gerade nicht der Vergnügungs- und Karrieresucht folgten, die sonst einen Menschen vorantreiben. Sie folgten einer Berufung, die über sie gekommen war.

Dieser Berufung versuchte man dann von seiten der Welt mit psychologischen Erklärungen zu kommen. Nun ist gewiß richtig, daß jede Bekehrung und Berufung zum Dienst eine psychologische Seite hat, wie sollte Gott denn auch anders wirken als eben mit einer psychologischen Auswirkung? Aber die Ursache eines Rufes Gottes entzieht sich jeder psychologischen Analyse.

Halten wir also diesen Satz fest: Ein Mensch, dem die Wirklichkeit Gottes verschlossen ist, kommt an das eigentliche Geheimnis der Christuswirklichkeit und des daraus folgenden Glaubens nie heran. Wo aber ein Mensch in diesen Bereich des ewigen Lebens hingezogen wurde, da können Zusammenhänge gedacht und geschaut werden, die diese Welt nur noch kopfschüttelnd zur Kenntnis nehmen · kann. Und nehmen Sie diesen Satz noch dazu: Solange der unsichtbare, gegenwärtige Herr in der Menschheitsgeschichte wirkt, so lange sind wir in dieser Welt vor Überraschungen nie sicher!

Ich will nicht verschweigen, daß manche Überraschung, die von Christen ausgeht, nicht aus dem Heiligen Geist geboren war. Manches gab sich sehr christlich und war auch überraschend, aber es hat sich dann herausgestellt, daß es sich um eine böse Überraschung handelte, die nicht christlich war.

Es stimmt, was ich einmal von einem Gottesmann gehört habe: „Es ist nirgendwo soviel Schindluder getrieben worden, wie mit dem Heiligen Geist und mit den angeblichen Führungen Gottes."

Wer die Geschichte der Kirche und seine eigene Frömmigkeitsgeschichte etwas durchleuchtet, wird diesen Satz bestätigt finden. Aber diese mögliche Verirrung hebt den Grundsatz von den wesensmäßigen Überraschungen des christlichen Lebens nicht auf.

Wir fassen zusammen: Wenn also die Begegnung zwischen dem Menschen dieser Welt und dem Christus Gottes stets den Charakter des Überraschenden, des nie so Erwarteten und Gedachten in sich trägt, dann gilt das vor allem dem Anfang allen christlichen Lebens. Denn es mag sein, daß man sich im Laufe eines Glaubenslebens mit Überraschungen abfinden mag, aber es wird nicht sein, daß man die erste Begegnung ohne großes Erstaunen und Befremden übersteht.

Wir wollen im folgenden mit einer gewissen Ausführlichkeit der Frage nachgehen, die immer und immer wieder gestellt wird: Woher wissen wir, daß dieser Jesus denn nun wirklich die letzte Instanz ist? Wie bekommen wir heraus, daß in ihm wirklich *die* Wahrheit und *das* Leben verborgen liegt, worin alle Not und alle Krisen der Menschen überwunden werden? Und: Wie sieht diese Begegnung mit diesem lebendigen Jesus heute in unserer Zeit aus?

2. Eine Vorentscheidung: Die persönliche Voraussetzung

Es muß zunächst folgendes geklärt werden: Wenn ein Mensch sich einem Phänomen nähern will, dann muß er sich die Frage gefallen lassen, wie er eigentlich an die Dinge herangeht.

Ich weiß, daß diese Überlegungen in unserer antiautoritären Zeit nicht beliebt sind, aber es geht ja nicht darum, was uns beliebt, sondern was wahr ist. Und wahr ist, daß ich mich bestimmten Dingen sachgemäß und auch unsachgemäß nähern kann.

Das gilt z. B. beim Bücherlesen genauso wie dies auch bei der Untersuchung von chemischen Verbindungen zu geschehen hat. Wer meint, er könne ein Buch begreifen, wenn er nur die letzten zwei Seiten liest, der ist der Sache eben nicht gerecht geworden, auch wenn er die letzten zwei Seiten auswendig gelernt hat. Und wer bei der Analyse chemischer Verbindungen meint, schon im Bilde zu sein, wenn er es unter ein Mikroskop von 20facher Vergrößerung legt, dann hat er sich ebenfalls getäuscht, und er wird nichts von den Dingen wissen.

Seltsam ist, daß im gleichen Augenblick, wo es um Glaubensfragen geht, jeder dumme Junge meint, seine unmaßgeblichen Meinungen zum besten geben zu können, und man erwartet auch noch, mit solch einem Geschwafel ernst genommen zu werden. Das geht nicht.

In Fragen des Glaubens ist genauso die Frage nach der sachgemäßen Annäherung zu stellen, wie das bei anderen Wissensgebieten der Fall ist. Wer hier nicht zuhören will, der hat nicht nachgewiesen, daß er nicht glauben kann, sondern daß er nicht nachdenken will. Ich hoffe, wir sind uns in dem Bemühen einig, zunächst nach der sachgemäßen persönlichen Einstellung zu fragen.

Damit heißt die nächste Frage: Welche Einstellung ist denn nun der Begegnung mit Jesus Christus sachgemäß?

Ich darf wieder auf den Zusammenhang mit dem letzten Referat hinweisen:

Jesus tritt in der Weltgeschichte mit einem unerhörten Anspruch auf: Ich bin *die* Wahrheit und *das* Leben! Ein junger Mann, Simon Petrus, bekennt als Überwundener: Ja, ich glaube dir, daß du bist Christus, der Sohn des lebendigen Gottes!

Damit stehen wir zwangsläufig vor folgenden Möglichkeiten:

a) Wir nehmen die Aussage Jesu und seines Jüngers Petrus zur Kenntnis, gähnen gelangweilt, schlagen das Neue Testament zu, weil wir einfach keine Lust mehr haben, über solche Dinge nachzudenken.

Es kann auch sein, daß viele gerne nachdenken möchten, aber im Laufe eines langen und mühevollen Lebens einfach keine Spannkraft mehr haben, den Fragen nach Wahrheit und Leben nachzugehen.

Und es sei gesagt und auch geklagt: Es gehört für mich mit zu den unheimlichen Entdeckungen bei vielen Menschen, denen ich begegne, daß sie einfach nicht die seelische Kraft aufbringen, um der Frage nach Zeit und Ewigkeit nachzugehen. Es scheint so, als wenn schöpfungsgemäß der Jugend diese Kraft mitgegeben ist, und wer in den Jahren zwischen 16 und 23 der Klärung um Ewigkeit keinen Raum gibt, der wird es wohl schwer haben, noch einmal den Dingen auf den Grund zu gehen, wenn er älter geworden ist. Es ist ja auch kein Zufall, daß die meisten Menschen, die zum Glauben an Jesus Christus gekommen sind, dies in dem eben genannten Zeitabschnitt zwischen 16 und 23 Jahren erfahren haben. Daß auch hier die Ausnahme die Regel bestätigt, versteht sich von selbst. Wahr bleibt, daß im Älterwerden die seelischen Belastungen wachsen, die geistigen Probleme immer mehr werden, und daß man im täglichen Einerlei und Allerlei froh ist, wenn man etwas Glück und etwas Freude mitbekommt; die Kraft, noch einmal und grundsätzlich über die Aussage von Wahrheit und Leben nachzudenken, ist verbraucht.

Diese Möglichkeit liegt vor uns, und jeder weiß, wie schnell sie zur Lebenswirklichkeit werden kann.

b) Die andere Möglichkeit ist diese:

Wir hören diesen Anspruch Jesu Christi, wir lassen uns informieren, was seit 2000 Jahren alle die Menschen bezeugen, die ihm begegnet sind. Wir wischen alle die Lobgesänge, alle Hingabe der Zeugen Jesu nicht vom

Tisch, sondern halten das alles einmal als Anfrage an uns aus. Und dann wagen wir folgenden Satz einmal zu denken: Angenommen, hinter der Aussage des Neuen Testaments steckt wirklich die Macht der ewigen Welt? Angenommen, die Bekehrung des Saulus zum Paulus ist wirklich durch den gegenwärtigen Herrn geschehen, der Zugang zu allen Zeiten und zu allen Räumen hat?

Angenommen, das wäre so, was dann? Was wäre mit Ihrem Leben, wenn die eigentliche Macht nicht das ist, was Sie in Raum und Zeit denken und fühlen und sehen können, sondern wenn Jesus die bestimmende Wirklichkeit wäre?

Wenn Sie dieser gedanklichen Möglichkeit weiter Raum geben, dann kommen Sie folgerichtig zu jenem Satz, den mir dieser Tage ein junger Mann sagte. Er sagte wörtlich: „Wenn das wahr ist, daß dieser Jesus Christus wirklich alles in den Händen hat, dann wäre ich dumm, wenn ich daran vorbeigehen würde!" Ein Student sagte mir in einem langen Nachtgespräch: „Ich will das jetzt wissen und wenn ich alles andere aufgeben muß!"

Das ist die Haltung, die von Ihnen erwartet wird. Man nähert sich nicht der Wahrheit, wie man sich einem interessanten Museum nähert. Man nähert sich aber auch nicht in einem billigen Halleluja-Gebrüll der Wahrheit, das alles schluckt, wenn es nur fromm klingt.

Nein, nie hat der Mensch nüchterner und geistig wacher zu sein als dann, wenn er nach der Wahrheit sucht. Aber man kann erwarten, daß man dem großen Geheimnis Christi mit der Leidenschaft nachgeht, mit der bis jetzt immer noch die großen Entdeckungen gemacht wurden. Darf ich dieses Kapitel der persönlichen Einstellung in der Begegnung mit der Frage nach Jesus Christus abschließen und den Satz festlegen: Man kann nicht erwarten, daß ein Mensch einfach und leicht an die Wahrheit glaubt, aber man kann erwarten, daß ein Mensch dieser unvergleichlichen Behauptung Jesu mit Sachlichkeit und Leidenschaft nachgeht. Und ich meine, es sei Zeit, diese Sachlichkeit und diese Leidenschaft einzusetzen.

Das schließt allerdings auch ein, daß man bereit ist, Konsequenzen zu ziehen, wenn es dazu dienen kann, das Ziel zu finden. Wer Sachlichkeit und Leidenschaft sagt, der meint auch das Wagnis, das eingesetzt werden muß, um bisherige Grenzen des Denkens und des Lebens zu überschreiten.

Die Zumutung Jesu fordert mutige Menschen. Die Feigen und die Schwätzer haben keine Verheißung.

Damit stehen wir vor einer Grundsatzbesinnung, die weder kurz noch schmerzlos ist. Sie zwingt uns zum Nachdenken und zum Zeithaben und entläßt uns nicht in eine Diskussion über die Dinge, sondern bindet uns an eine neue Wirklichkeit. Wir überschreiben den Abschnitt:

Der überraschende Hinweis

Wir schlagen das Neue Testament auf und lesen eine hochinteressante Begebenheit, wie sie Matthäus berichtet im 12. Kapitel, von den Versen 38—40.

Bevor wir den Abschnitt lesen, will ich kurz die Situation anzeigen. Jesus war also durch das Land gezogen. Er hatte geheilt, gepredigt, und die Menschen waren ins Fragen gekommen: Wer ist dieser?

Damit stehen wir also in der gleichen Situation. Wir haben ebenfalls seinen Anspruch gehört, wir haben gehört, was Petrus von ihm sagt. Und nun setzt die Frage ein: Wer bist du, Jesus von Nazareth, denn nun wirklich? Wie bekommen wir heraus, ob du der bist, für den du und deine Jünger dich halten, oder ob du es nicht bist?!

So kommen nun die Pharisäer und Schriftgelehrten und stellen ihn. Sie erwarten von ihm, Jesus, einen Nachweis. Wir könnten auch sagen, einen Ausweis oder eine Beglaubigung seines göttlichen Auftrages. Wem die Formulierung nicht zu unheimlich ist, kann auch heraushören, daß die Führer des Volkes nach dem *Beweis* seines Messiasanspruches fragen.

Ich lese den Abschnitt vor: „Und einige unter den Pharisäern und Schriftgelehrten sprachen zu ihm: Meister, wir wollen gern ein Zeichen von dir sehen! Jesus antwortete und sprach zu ihnen: Die böse und ehebrecherische Art sucht ein Zeichen, und es wird ihr kein Zeichen gegeben werden, als nur das Zeichen des Jona, denn so wie Jona war drei Tage und drei Nächte in des Walfisches Bauch, also wird des Menschen Sohn drei Tage und drei Nächte mitten in der Erde sein!"

Die Situation ist eindeutig: Die Führer des Volkes haben darüber zu wachen, was im Volke gepredigt wird und was nicht, was geschehen darf, damit Gott die Ehre gegeben wird, und was nicht geschehen darf, damit nicht alles drunter und drüber geht. Darum fragen sie!

1. Sie fragen Jesus

Damit ist zunächst einmal ein unerhört sachlicher Zustand erreicht. Man redet nicht mehr über ihn, sondern mit ihm.

Man erkundigt sich nicht mehr über diese oder jene Meinung, sondern man ist bereit, ihn selbst zu hören. Lassen Sie mich dies dick unterstreichen: Glaubensgespräche und das Suchen nach der Wahrheit werden erst dann sachlich, wenn man nicht über Kirchen und Pastoren und ihre tausend Fehler redet, sondern wenn man Jesus selbst befragt.

Für uns muß das so übersetzt werden: Wer wissen will, was es um die Vollmacht des Jesus und was es um das heile Leben ist, der frage nicht diesen oder jenen, der erkundige sich nicht bei Buddha und Karl Marx, nicht bei den Idealisten und Modernisten, nicht bei diesem oder jenem Theologen, sondern der wage sich an das Neue Testament heran und frage hier! Ob unsere Zeit weiß, was es um Jesus wirklich ist, ob unser eigener Verstand das weiß oder die sogenannte informierte Öffentlichkeit berechtigt ist, bezweifle ich grundsätzlich.

Aber es gibt Menschen, die geradezu darauf aus sind, die Öffentlichkeit, die Wissenschaftler oder wen auch immer zu befragen, was denn von Jesus zu halten sei. Man wird den Verdacht nicht los, daß man darum bei zweit- und drittrangiger Instanz nachfragt, weil man schon vorher weiß, daß die es bestimmt nicht weiß. Und wer das menschliche Herz etwas kennt, der weiß auch, daß es zum Wesen der Lebenslüge gehört, daß man lieber im Dunkel und im Unverbindlichen bleiben möchte, als sich der Direktheit des Neuen Testaments auszuliefern.

Denn das muß ja nun einkalkuliert werden:

Wenn ein Mensch das Neue Testament aufschlägt und hier seine Fragen stellt, wenn ein Mensch es sogar wagt, lebendige Christen zu fragen, oder gar selbst anfängt, diesen Jesus im Gebet zu bitten, daß er ihm Klarheit geben möchte, dann muß er auch mit Antwort rechnen! Wer fragt, bekommt Antwort!

Aber es gibt Menschen, die fragen und wollen gar keine Antwort. Und darum werden solche Menschen auch immer dort fragen, wo sie schon vorher ahnen, daß es keine Antwort gibt.

Es gilt: Wenn ein Mensch Jesus selbst fragt, dann steht er auf sachlichem Boden. Insofern sind die Pharisäer geradezu ein Musterbeispiel an Sachlichkeit!

2. Was fragen sie?

Sie fragen nach einem Zeichen. Dahinter steckt folgende Einsicht:

Wenn ein Mensch auftritt und gehört werden will, dann muß er sich ausweisen, wer ihn legitimiert hat. Das kennen wir schon in den einfachsten Ausweisen, die ein Mensch vorzulegen hat. Ob es sich um einen Führerschein oder um ein Diplom handelt. Es geht darum, nachzuweisen, daß man nicht betrügt, sondern daß man seine Sache versteht. Es wird keiner unter uns einen Arzt an sich und seine Krankheit heranlassen, wenn dieser sich nicht entsprechend ausweisen kann.

Im jüdischen Volk hat man manchen Gottesmann erlebt, ob es Mose oder einer der Propheten gewesen ist. Stets aber mußten sie sich ausweisen, ob sie wirklich im Auftrage des Höchsten legitimiert waren.

Es war also äußerlich gesehen völlig richtig, wenn die Führer des jüdischen Volkes nach dem Ausweis der Vollmacht Jesu fragten.

Damit stehen wir in unserer Zeit wieder im unmittelbaren Zusammenhang mit dieser Szene:

Genau das ist ja die Frage, die der Mensch angesichts der Behauptungen Jesu und der Kirche bekommt: Weist euch aus, daß die Sache mit Jesus wirklich *die* Wahrheit ist, von der allein das Leben möglich ist.

In ungezählten Gesprächen wird mir immer und immer wieder der Satz gesagt:

Woher wissen wir denn, ob die Sache mit Jesus wirklich wahr ist? Wer gibt uns denn den Beweis? Da kann ja jeder kommen und sagen, er sei Gottes Sohn und habe *das* Leben anzubieten?!

Und die Skepsis ist doch zu verstehen: Was hat man dieser Welt nicht schon alles als Wahrheit angeboten, und zum Schluß stellt sich heraus, daß man einer dicken Lüge aufgesessen ist. Es ist auch zu verstehen, wenn junge Menschen sagen, daß sie einfach nicht daran dächten, dem Evangelium unkritisch hinterherzulaufen, nur weil die Kirche das wünscht oder weil die Eltern das gerne sehen. Sie wollen wissen, was es mit Jesus auf sich hat! Darum ist diese Forderung durchaus zu begreifen: „Gib uns ein Zeichen! Gib uns Gewißheit darüber, wer du bist!"

3. Eine überraschende Antwort

Nun hätte man ja erwarten können, daß die Jünger sich mit ihrem Herrn zurückgezogen hätten, um zu beschließen: „Die Lage ist günstig! Nun wollen wir den Führern des Volkes vorexerzieren, was hier wirklich an Mächtigkeit gegenwärtig ist!"

Und wenn man mal ganz menschlich denkt, dann könnte man ja sagen: „Herr, nun sind schon die Pharisäer und Schriftgelehrten gekommen, nun ist es dir doch ein Kleines, sie von deiner Herrlichkeit und Vollmacht zu überwinden. Es wäre ja geradezu unsinnig, wenn du die Gelegenheit nicht beim Schopfe packen würdest. Denk doch daran, wie dein Name bestätigt würde und was für deine Sache herauskommen würde, wenn du deine ärgsten Zweifler und Gegner überwinden würdest?!" Wie gesagt, wenn man menschlich denkt, kann man sich das denken.

Folgender Gedanke ist ernster, als man zunächst meint: Es wäre doch wirklich viel einfacher, wenn Jesus in unserer Geschichte direkter handeln würde. Das Christentum würde sich viel besser in der Welt anbieten lassen, wenn man ständig auf das Eingreifen Gottes hinweisen könnte und sagen: „Sieh, hier hat er gewirkt und dort, hier hat er dieses Wunder getan und dort jenes!" Das ganze mühselige Diskutieren wäre zu Ende. Und wenn man dann noch als Mitarbeiter Jesu Wunder tun könnte, dann wäre man dieses ständige Verdächtigtwerden los, man braucht dann nicht allen möglichen Leuten nachzulaufen, sondern wäre durch gewaltige Taten, die Gott durch uns wirken würde, als Gottesbote auch ausgewiesen. Wieviel leichter und erfolgreicher wäre das Arbeiten im Reiche Gottes?! Oder denken Sie auch an ihren eigenen Glauben: Es wäre doch viel einleuchtender, wenn sie mit eigenen Augen Wunder sehen könnten. Wenn sie in ihrem Leben durch gewaltige Erschütterungen zutiefst überzeugt würden, daß Gott gegenwärtig ist?!

Ja, es wäre ˙Jesus wirklich zu raten, dem Antrag auf ein deutliches und unmißverständliches Zeichen zu folgen. Es wäre für jeden besser: Für ihn, man würde ihm viel mehr glauben; für seine Gegner, sie würden rascher und endgültig überwunden; und für uns, die wir suchen und glauben wollen, läge ein großer und gewisser Weg vor uns!

Und dies alles wird mit der Antwort Jesu vom Tisch gewischt! Er sagt: „Die böse und ehebrecherische Art sucht ein Zeichen! Und es wird ihr kein Zeichen gegeben!"

Das ist hart und zunächst in jeder Weise unverständlich! Die Überraschung ist perfekt.

Wir stellen fest, daß Jesus die Forderungen der Pharisäer rundweg ablehnt. Er denkt nicht daran, sich vor ihnen auf ihr Bitten hin auszuweisen.

Nun muß man fragen: Warum tut er das? Er schaufelt sich doch damit sein eigenes Grab? Er muß sich doch nicht wundern, wenn nun die Pharisäer und Schriftgelehrten nach Hause gehen, triumphieren und sagen; „So ist das mit diesem Jesus: Er redet groß von sich, und es wird viel von ihm gesprochen, aber wenn wir einmal nachsehen wollen, um der Sache auf den Grund zu gehen, da kommt nichts mehr, als nur noch eine Beschimpfung!"

Und für uns könnten wir übersetzen: Die Kirche muß sich doch nicht wundern, wenn kein Mensch mehr mitmacht im christlichen Glauben, wenn nicht nachgewiesen wird, was die Kirche und was der Glaube denn nun wirklich vermag. Man kommt ja dabei auf den Verdacht, daß die ganze Sache mit dem Christentum letzten Endes doch nur Hochstapelei gewesen ist!

Noch einmal die Frage: Warum lehnt Jesus es ab, sich vor Menschen auszuweisen?

Nun, die Sache liegt, soweit ich das begreife, so: Jesus hatte in der Öffentlichkeit gewirkt. Er hatte gepredigt, er hatte geheilt, Tote auferweckt und Sündern die Vergebung zugesprochen.

Das haben alle mitbekommen. Es wurde von keinem bestritten, auch nicht von den Pharisäern und Schriftgelehrten. Auf die Idee, daß Jesus das so gar nicht gemacht hätte, sondern daß seine Taten Ausdruck des Glaubens der Jünger gewesen seien, darauf kamen erst einige andere Leute in späteren Jahrhunderten – und diese Idee war wahrlich nicht die geistreichste!

Die Feinde Jesu, seine stärksten Kritiker haben nie die Außerordentlichkeit seiner Taten bestreiten können oder bestreiten wollen. Nein, es ging nicht um das Bestreiten der Taten Jesu, sondern es ging und geht um die Deutung seiner Taten und damit seiner Person.

Wunder geschahen auch durch andere, gewaltige Reden haben auch andere gehalten. Die Frage aber heißt:

Was bzw. wer steckt hinter seinen Taten und Reden? Welches ist der Hintergrund dieses Mannes?

Wir wissen aus dem Neuen Testament, daß das Volk bereits die Frage stellte, ob nicht Gott selbst diesen Jesus beauftragt habe, so daß man sagen mußte, daß Gott wieder einen mächtigen Propheten ins Volk geschickt hat.

Aber das war ja klar: Wenn der lebendige Gott diesen Jesus selbst ausgesandt hätte, dann hätte sich das ganze Volk, vom Hohenpriester angefangen bis zum letzten Mann im Volk, vor diesem Jesus beugen müssen. Und das war undenkbar!

Das wäre genauso, als wenn heute ein Prediger aufträte, der irgendwo vom Lande käme, ohne Bildung und kirchliche Legitimation; und dann stelle man sich vor, daß ausgerechnet er die gesamte Theologenschaft der Universitäten zum Nachdenken und Umdenken zwingen könnte, weil Gott ihn beauftragt hat. Verlassen Sie sich drauf, wenn man erst weiß, aus welcher Richtung der kommt, welches seine Lehrer waren und was für ein psychologisches Gehabe dieser Mann mitbringt, dann ist die Geschichte bereits entdramatisiert. Auf den Gedanken, daß so ein Prediger von Gott selbst kommen könnte, darauf kommt man erst gar nicht. Dafür hat man ja seine Deutungen.

Genauso haben die Pharisäer und Schriftgelehrten bei all dem Reden und Tun Jesu ihre Deutung zur Hand gehabt. Während das Volk schon ahnte, daß hier wohl Gott am Werk sein könne, beschloß die Führungsschicht, dem Volk mitzuteilen, welche Kräfte und Mächte hier nun wirklich am Werke seien.

Sie sagten: Was Jesus hier tut, tut er in der Kraft

des Unheiligen, des Lebenzerstörers, des Satans, im Auftrage des Obersten der Teufel! (Man lese dazu Matth. 9, 34 und Mark. 12, 27.)

Damit lag ihr Urteil über Jesus fest! Und dieses Urteil lag fest, bevor sie ihn fragten. Sie taten also so, als wenn im Gespräch noch alles offen, als wenn noch alles drin gewesen wäre. Und genau diese Haltung nennt Jesus „ehebrecherisch und böse". Übersetzt heißt das:

„Ihr tut so, als wolltet ihr mich fragen und als wäret ihr bereit, euch von mir noch etwas sagen zu lassen. Dabei habt ihr längst über mich geurteilt. Ich, Jesus, kann sagen und machen, was ich will, ihr werdet mich zur Strecke bringen. Ich kann Wunder tun, und ihr werdet dem Volk genau erklären, was da wirklich passiert ist. Auf jeden Fall ist bei euch schon eins amtlich: Durch mich handelt nicht Gott, und darum braucht ihr auch nicht zu gehorchen!" Darum weist Jesus die Zeichenforderung ab.

4. Ein Problem

Damit ist ein uraltes und unheimlich gleichbleibendes Spiel des menschlichen Geistes angezeigt: Die Dinge sind nicht so, wie sie sind, sondern sie werden immer so, wie der menschliche Geist sie deutet. Darin liegt die Macht des menschlichen Denkens: Eine Welt in ihren tausend Phänomenen muß vom Menschen gesehen und gedeutet werden. Das Entscheidende aber ist die Deutung. Und die Deutung ist die Macht, die die Dinge so macht, wie sie von Stund an zu sein haben. Alles, was uns in dieser Welt begegnet, ist durch die Deutung gemacht, durch das Wort, das man uns gab.

Wir wissen z. B. nicht, was Liebe ist, aber durch unsere Deutung wird Liebe dann zu dem, was sie uns dann bedeutet. Wer weiß schon, was Kommunismus ist? Aber er wird uns so oder so gedeutet, und damit bekommt der Kommunismus seine Bedeutung.

Wir hören von Jesus Christus. Keiner weiß, wer er wirklich war und wer er jetzt ist. Aber wir bekommen Deutungen, und diese Deutungen bestimmen unser Verhalten zu ihm.

Darf ich auf unseren Abschnitt verweisen: Die Pharisäer und Schriftgelehrten hatten zwischen sich und Jesus ihre Deutung gestellt. Und diese Deutung war negativ. Folglich konnte Jesus machen, was er wollte, er bedeutete immer etwas Negatives.

Noch einmal: Es handelt sich hier um die unheimliche Macht menschlichen Geistes: Wenn der Mensch, durch was das auch immer bedingt sein mag, der Negativdeutung Raum gegeben hat, dann kommt kein Argument, kein Wunder, keine Logik und keine Frömmigkeit gegen diese Negativdeutung an! Es ist, als wenn ein Mensch unter einem zerstörenden Zwang steht. Die Negativ-Deutung gehört zum dunklen Geheimnis der Verstockung. Es ist wahr, die Macht der Negativ-Deutung liegt in der Nähe des Vorurteils; sie ist nahezu unüberwindbar.

Und genau dies durchschaut Jesus alles und nennt es „böse"!

Man tut so, als wolle man ihn fragen, und man will ihn nur vernichten. Man sagt, man will Wahrheit, und will doch nur recht behalten. Man redet von christlichem Glauben, und will doch nur den Glauben an sich selbst bestätigen. Man nähert sich Jesus, man tut so, als läge einem alles daran, die Wahrheit zu finden, und man hat innerlich längst beschlossen, den Anspruch Jesu unschädlich zu machen: Und genau dies durchschaut Jesus und nennt es „ehebrecherisch!" Man sagt „JA!" und meint „NEIN!"

Aber es muß noch eins gesagt werden: Die Pharisäer und Schriftgelehrten und wir Menschen überhaupt haben auch wirklich die Möglichkeit der Flucht und des Ausweges. Es ist nicht nur subjektive Böswilligkeit, sondern diese Böswilligkeit liegt seltsamerweise in der Struktur des Menschlichen selbst verankert, und zwar so:

Wenn Gott, der ewige und unverfügbare Gott, in Raum und Zeit eindringen will, um sich verständlich zu machen, dann kann er das ja nicht als Gott tun, denn dann bliebe er ja unverfügbar und unverständlich und unsichtbar. Wenn Gott sich verständlich machen will, dann muß er es so tun, daß er zu uns Menschen auch menschlich kommt! Aber wenn er zu uns menschlich kommt, dann muß er auch vorstellbar und denkbar werden. Dann muß er sich den Strukturen des Sichtbaren, des Räumlichzeitlichen unterordnen. Aber genau dann, wenn er sich dem Menschlichen ein- und unterordnet, sehe ich ja gerade nicht, daß dies Gott ist, sondern ich sehe einen Menschen.

Und das ist klar: Gott begreifen wir nie, wenn er als Gott käme. Aber wenn Gott als Mensch käme, wie soll ich das denn herausbekommen, daß das Gott sein soll? Aber wie soll man das, was man sieht, für etwas halten, was man nicht sieht?

Gestatten Sie mir das Bild: Wenn ich einen Hund sehe, dann sehe ich einen Hund und stelle mich entsprechend auf einen Hund ein und nicht auf eine Blume. Und wenn mir jemand sagt: „Dieser Hund ist in Wirklichkeit eine Blume, und du tust gut daran, diesen Hund auch entsprechend zu behandeln", dann werde ich sagen:

„Wie will man einem Menschen begreiflich machen, daß das, was er sieht, nicht eigentlich das ist, was er sieht, sondern daß das, was er nicht sieht, eigentlich das ist, was er sieht?!"

Neutestamentlich formuliert heißt dieser Satz so: Wie will man den Juden begreiflich machen, daß sie bei dem, was sie an Jesus von Nazareth in seiner Menschlichkeit sehen, nicht das Eigentliche sehen, sondern daß sie in dem, was sie an ihm sehen und erfahren, das sehen, was auf das Eigentliche hinweist? Das Eigentliche aber ist die Wirklichkeit des unsichtbaren Gottes, die in allem, was Jesus lebt und sagt und tut, hindurchscheint und transparent wird; wahrlich, wem will man das begreiflich machen?

Folglich muß der Satz gewagt sein: Wenn Gott in Raum und Zeit als Mensch auftritt, dann ist sein Auftreten verborgen, und zwar so, daß man nicht nur seine Gotteswirklichkeit nicht entdeckt, sondern sogar auf den Gedanken kommen kann, daß hier der Teufel am Werk ist! Das Kommen Gottes ist also naturgemäß verborgen. Der große Gott kommt in dem kleinen Jesus. Folglich ist Jesus immer so oder auch ganz anders zu deuten. Und ein Mensch, der nicht fassen kann und will, daß Jesus die letzte Instanz ist, wird tausend Gründe finden, um sich in seinem Vorverständnis selbst zu begründen. Und es sei die Frage erlaubt: Was will denn normalerweise ein Mensch anderes herausbekommen, als daß Jesus auf jeden Fall *nicht* der Sohn Gottes ist? Was will denn der Mensch anderes herausbekommen, als daß die Bibel *nicht* Gottes Wort ist?

Und da Jesus ganz Mensch war, konnte man ihn auch ganz als Mensch verstehen und konnte die Gottessohnschaft als Mythologie abtun. Und da die Bibel ganz in ein menschliches Gewand eingehüllt ist und ganz den Gesetzmäßigkeiten eines x-beliebigen Buches folgen muß, kann man das Geheimnis, daß sich hier der ewige Gott in menschliche Sprache und Buchstaben verwandelt hat, als Rest einer kindlichen Frömmigkeit abtun.

Es ist wahr: Wenn der ewige Gott in Raum und Zeit kommt, dann haben die Menschen die Macht, ihn so zu deuten, wie es ihnen gefällt. Und nun überlegen Sie selbst, was uns Menschen wohl am meisten gefällt? Wir stehen hier wirklich an einem der tiefsten und dunkelsten Probleme der Offenbarung überhaupt. Und es ist gut, wenn man weiß, daß aller christlicher Glaube durch diese Auseinandersetzung hindurch muß: Wir begegnen einem Gott, der sich in die Niedrigkeit des Mannes von Nazareth verwandelt hat. Wer wird das überhaupt zur Kenntnis nehmen können? Wer glaubt dieser Botschaft?

5. Das Zeichen des Jona

Kehren wir zur Geschichte Jesu mit den Pharisäern und Schriftgelehrten zurück: Jesus hatte Hintergrund und Absicht ihres Verstehens aufgedeckt. Er denkt nicht daran, ihnen ein Schauspiel zu liefern, das sie dann mit beißendem Spott und intellektuellem Sarkasmus begleiten würden. Und es wird wohl bis an das Ende der Tage so bleiben: Ein Mensch, der Jesus um ein Zeichen seiner Gegenwart bittet, wird sich wohl vorher prüfen müssen, aus welchen Motiven dieses Verlangen geboren ist.

Während nun die Pharisäer bereits triumphieren, daß er ihnen kein Zeichen zu geben gewillt ist, setzt Jesus noch ein Wort dazu (frei übersetzt): „Doch, ihr bekommt ein Zeichen, ihr bekommt einen Hinweis, und ihr sollt die Gewißheit haben, ob ich wirklich der Messias bin, ob ich von Gott legitimiert bin. Das Zeichen, das ich euch gebe, ist das Zeichen des Jona!" Damit stehen wir am Höhepunkt der Überraschungsaussage.

Was ist das „Zeichen des Jona"? Worauf zeigte Jona? Was wurde an ihm deutlich? Die Antwort, die ich Ihnen geben möchte, ist diese: *Gott beauftragt einen Menschen und läßt ihn leiden und im Dunkel verschwinden. Es sieht so aus, als wäre die Sache zu Ende. Aber er verschafft ihm Rettung und sendet ihn dann mit neuem Auftrag in die Welt.*

Jesus sagt: „Genau das bekommt ihr zu sehen, und genau hier wird deutlich, wer ich bin und wer ich nicht bin, wer mich legitimiert und zu was ich beauftragt bin!"

Wenn wir also die Frage stellen: „Wo werden wir erkennen und begreifen, wer dieser Jesus ist? Wo bekommen wir die Gewißheit, ob in ihm wirklich das Leben erfüllt wird? Wann haben wir Anlaß zu erfahren, ob er das heile Leben bringt?", dann heißt die Antwort: „Geht zu seinem Leiden, geht nach Golgatha, seht, wie Jesus stirbt, und dann geht am Ostermorgen zum leeren Grab."

Dort und wirklich nur dort wird deutlich, wer Jesus ist und wer er nicht ist.

Damit stehen wir mit den Pharisäern und Schriftgelehrten in einer unausweichlichen Situation:

Wollen wir wissen, wer dieser Jesus ist, dann müssen wir dem Zeichen des Jona nachgehen, wir müssen nach Golgatha und zum Auferstehungstag. Hier entscheidet sich spätestens, ob wir die Wahrheit herausbekommen wollen oder nicht, und hier entscheidet sich, ob Jesus als die Wahrheit erkannt werden kann oder nicht.

Der Umdenkungsprozeß, der jetzt erfolgen muß, ist nicht leicht.

Zunächst muß dieser Satz durchgehalten werden: Nicht wir legen fest, wie das Heil Gottes zu erkennen ist, sondern das legt er selbst fest, unabhängig davon, ob wir an Gott glauben oder nicht. Aber dieses kann jeder kritische Zweifler denken: Wenn Jesus die letzte Instanz, also Gott sein sollte, dann bestimmt er auch den Ort der Offenbarung, und nicht wir Menschen! Anders formuliert: Die Wahrheit bestimmt, wie und wo und wann ich sie finden kann. Die Wahrheit ist nicht da, wo der Mensch sucht, sondern der Mensch hat dort zu suchen, wo die Wahrheit sich finden lassen will.

Und Jesus setzt den Pharisäern und Schriftgelehrten, und damit allen, die nach ihm fragen, das Zeichen des Jona. Er fordert uns auf, nach Golgatha zu gehen, und zum Ereignis von Ostern: Dort wird er sich als der Christus Gottes erweisen, und dort wird ein Mensch erfahren, was heiles Leben ist.

Ich wiederhole: Spätestens hier entscheidet sich, ob ein Mensch immer noch Wahrheit will oder ob er zutiefst sich selbst behaupten möchte.

Will ein Mensch wirklich wissen, wer Jesus ist, dann geht er ihm auch nach zum Platz von Golgatha! Dann geht er auch mit und wartet bis zur Auferstehung.

Hat aber ein Mensch in der Tiefe seines Herzens beschlossen, daß er nicht bereit ist umzudenken, dann wird er in diesem Augenblick ärgerlich von „autoritären Strukturen" reden.

Es bleibt dabei: Wie das Heil aussieht, das bestimmt der Arzt und nicht der Patient! Wie das Recht aussieht, das bestimmt der Richter und nicht der Angeklagte. Und Jesus sagt: Wo man mich findet, das bestimme ich und nicht irgendeine Theologie, eine noch so geartete religiöse Praxis.

Das Zeichen von Golgatha

Gehen wir nach Golgatha. Auf dem Hügel vor der Stadt Jerusalem wird Jesus hingerichtet. Angenagelt am Kreuz stirbt er den Tod des Verachteten.

An diesem Freitagnachmittag stehen Hunderte und sehen zu. Es sind auch die Pharisäer und Schriftgelehrten da.

Was meinen Sie, was man dort auf Golgatha zu sehen bekommt? Worauf zeigt denn nun dieses Kreuz hin? Was für ein Zeichen ist das denn nun?

Die Juden, lassen Sie mich das auf deutsch sagen, die Juden sagen: „So sieht das aus, wenn ein Mensch sich für den Messias hält. Er trägt selbst die Schuld, daß er hier hängt. Hätte er nicht seine gotteslästerlichen Reden geführt, er könnte noch leben!"

Als Jesus dann um 3 Uhr nachmittags mit einem lauten Schrei stirbt und das Unwetter über Jerusalem hereinbricht, da wendet sich das Volk und die Obersten fröstelnd und kopfschüttelnd ab, und ihr Urteil über diesen Mann am Kreuz kommt aus einem „guten" Gewissen: „Das ist Gottes Gericht, so sieht die Strafe und der Fluch aus über den, der sich an seinem heiligen Namen vergreift!"

So kann man das Sterben Jesu verstehen und deuten. Es ist dem Menschen überlassen, immer und immer wieder seine Deutungen über Jesus und sein Sterben zu geben.

Eines muß auch hier zugegeben werden: Das Sterben Jesu auf Golgatha zwingt keinen Menschen, hier die ewige Erlösung zwischen Gott und Menschheit zu sehen! Jeder, der hier am Kreuz vorübergeht, kann sich seine eigenen Gedanken machen.

Sollte aber jemand auf den Gedanken kommen, seine eigene Meinung und Deutung beiseite zu legen, und sollte er auf das Kreuz zugehen, um die eine einzig erlaubte Frage zu stellen, dann wird es sein, daß ihm hier eine Tiefe erschlossen wird, von der die Welt nichts ahnt. Die Frage ist nur: Wer wird hier stehenbleiben? Und wer wird hier fragen?

Ich weiß nicht, was Sie jetzt denken und was Sie im tiefsten Ihres Herzen wollen. Aber ich will Ihnen sagen, was das Geheimnis der Christen seit 2000 Jahren gewesen ist. Sie sind auf dieses Kreuz zugegangen. Sie haben die eine einzig erlaubte Frage gestellt: „Herr, warum hängst du hier?" Und dann haben Millionen an diese Frage eine Bitte geknüpft; sie haben auf Golgatha nicht um irdischen Reichtum, um Gesundheit und langes Leben gebettelt. Sie haben gebeten: „Bitte, erklär uns deine Wunden und deine Schmerzen!"

Was eine Welt nicht kennt und fassen kann, das wurde und wird den Betern auf Golgatha offenbart. Was Millionen nicht denken können, das haben die Bettler am Kreuz durchschaut:

Hier am Kreuz von Golgatha, im Leiden des Mannes von Nazareth ist Gott wieder eins geworden mit dem Menschen! Hier wurde die Welt des Menschen zusammengeschweißt mit der ewigen Herrlichkeit Gottes. Hier am Kreuz von Golgatha wurde das Elend des Menschen, seine Sünde und seine Zerrissenheit, seine Not und seine Sterbensangst angeschlossen an die Ewigkeit Gottes, an die Macht des ewigen Lebens. Das aber offenbart Gott selbst! Er offenbart:

Golgatha, das ist der einzige Ort in der Welt, wo ein Mensch zuverlässig geliebt wird. Und zuverlässige Liebe ereignet sich nicht da, wo man um seiner Gabe, um seiner Größe und Tugend willen geliebt wird. Nein, dort geschieht zuverlässige Liebe, wo sie die Anklage aufhebt, die zurecht besteht, wo das zerbrochene Leben wieder geheilt wird, obwohl man selbst die Schuld trägt, wo das Elend und die Todesangst sich vermählen zur Qual, da hinein reicht die Liebe Gottes, die zuverlässig ist. Das heißt: Sie reicht wirklich bis in den Abgrund. Und darauf kann sich ein Mensch verlassen, wenn er nach Golgatha kommt.

Das heile Leben beginnt nicht mit der Forderung zum Neuanfang, nicht mit dem Vorsatz der Selbstbeherrschung, und hat keinen Anfang in der Tiefe eines großen Gedankens. Das heile Leben beginnt außerhalb von uns Menschen, außerhalb des geistigen Anspruches, zu dem ein Mensch fähig ist. Das heile Leben beginnt auf dem Hügel von Golgatha, bei dem Mann aus Nazareth. Und während sich die Obersten des Volkes abwenden, weil sie nichts mehr erhoffen, wendet sich der Schächer vom Kreuz zu diesem Jesus und bettelt ihn an: „Herr, denke an mich, wenn du in deine Herrlichkeit kommst!"

Und ihm, diesem Beter, gilt der Satz, auf den eine ganze Welt zutiefst wartet und ihn nirgendwo zu hören bekommt: „Wahrlich, DU wirst mit mir im Paradiese sein, heute!"

Wenn nun diese Gedanken und Bilder Ihr Herz und Ihren Verstand erreichen, zu was sind Sie dann fähig? Was werden Sie tun?

Ich weiß es nicht, aber ich will Ihnen sagen, was ich getan habe: Ich habe mich aufgemacht und habe es gewagt, den Namen Jesu anzurufen, und dann habe ich gebetet, daß er mir das Geheimnis seines Leidens und Sterbens offenbaren möchte! Und dieses Gebet hat er erhört.

Und es ist seltsam und doch eigentlich merkwürdig einleuchtend: Wenn jemals in den letzten 2000 Jahren Menschen von Jesus Christus zutiefst ergriffen waren, dann lag bestimmt die Urstunde ihres Glaubenslebens in der Entdeckung des Ereignisses von Golgatha.

Ich wage zu behaupten: Ein Mensch, der ins Christentum gezogen wird und nicht ins Geheimnis des Kreuzes verwächst, der wird wieder abgezogen von tausend anderen Dingen. Ein Lehrer der Theologie, der nicht gegründet ist auf dem Heilsgeschehen des Leidens und Sterbens Jesu, mag viele große und weite Gedanken denken, aber Vollmacht hat er nicht. Eine Kirche, die unablässig der Welt begegnen will, blutet aus, wird fad und letztlich der Welt ein Spott, wenn sie nicht vom Kreuz kommt und das Kreuz in seinem ganzen Ausmaß bejaht.

Wir wollen diesen Gedanken beschließen mit dem Satz: Wenn ein Mensch einen Hinweis haben will, ob Jesus *die* Wahrheit und *das* Leben ist, dann muß er sich aufmachen nach Golgatha. Hier wird Jesus sich jedem offenbaren, der ihn darum bittet! In jedem Falle gilt: Das heile Leben beginnt hier.

Das Zeichen der Auferstehung

Was von Golgatha gilt, das gilt auch für das leere Grab: Als die Soldaten am frühen Morgen dem Hohen Rat mitteilten, was sich am Grabe ereignet hat, da war die Nachricht, daß Jesus nicht mehr im Grabe sei, kein zwingender Grund, nun niederzufallen und anzubeten. O nein, weit gefehlt.

Die Sitzung des Hohen Rates fand am frühen Morgen des Auferstehungstages unter der bewährten Leitung des Hohenpriesters Kaiphas statt, nachdem die Soldaten berichtet hatten, was vorgefallen war – so ganz viel konnten sie ja auch nicht berichten, weil sie ohnmächtig geworden waren. Da gab der Hohepriester seine Deutung:

„Der Leichnam ist gestohlen! Es ist nicht zwangsläufig, daß Jesus von den Toten auferstanden sein muß, sondern es ist zwangsläufig, daß die erste Hochstapelei Jesu nun eine zweite Betrügerei seitens der Jünger nach sich ziehen mußte und würde!"

So wurde das leere Grab gedeutet. Die Herren machten sich noch nicht einmal die Mühe, vor die Stadt zu pilgern. Daß das Grab leer war, haben ja bereits die Soldaten berichtet. Die Frage hieß doch nur, wie der Leichnam herausgeschafft wurde. Aber über den Umstand eines Leichendiebstahls mußte im Hohen Rat nicht weiter verhandelt werden. Die Sache mit Jesus war so erledigt, wie man einen Toten eben als erledigt betrachten kann.

Ich wiederhole den Satz von eben: Das leere Grab selbst ist kein zwingender Beweis, daß Jesus von den Toten auferstanden sein muß. Wer am leeren Grab vorübergeht, kann sich diese oder jene Deutung zurechtlegen, ohne mit der Auferstehung Jesu zu rechnen. Es sei denn, er würde in die Altstadt von Jerusalem gehen, um dort bei denen zu fragen, die völlig verstört, aber unsagbar glücklich ständig stammeln: „Er ist auferstanden! Er ist wirklich und wahrhaftig auferstanden! Wir haben ihn gesehen. Simon hat ihn gesehen. Johannes, Kleophas und, und, und . . ."

Aber wer geht schon in die Altstadt? Und wer glaubt das denen denn? Wer hält das für denkbar, daß jemand von den Toten aufersteht und niemals mehr sterben kann und wird? Wer macht denn da noch mit, daß ausgerechnet dieser Jesus aus Nazareth, dieser Sohn des Zimmermanns, der nie weiter als 10 km über die Grenzen seines Landes hinausgekommen ist, daß ausgerechnet dieser kleine Jesus die Macht über den ganzen Kosmos in den Händen halten soll?

Wem kann man das denn verkaufen, daß ausgerechnet dieser Wanderprediger, dieser Mann aus armen Verhältnissen, der wie ein Verbrecher hingerichtet worden ist, daß ausgerechnet dieser Jesus Anfang und Ziel der ganzen Menschheitsgeschichte sein soll? Wer kann das denn noch glauben, daß dieser Jesus alle Völker, alle Religionen, alle Kulturen und alle Jahrtausende einmal zu sich ziehen wird? Und wer erträgt diese Vision, daß dann, wenn diese Welt im Hitz- oder Kältetod, im Atomkrieg oder durch den Zusammenprall mit einem anderen Stern oder wie immer auch das Leben einmal erlöschen wird, daß dann alle Völker, alle Menschen, die jemals gelebt haben, von ihm gerufen werden und daß er das letzte Wort über die ganze Geschichte und über jeden einzelnen Menschen haben will? Wer kann und will das fassen? Wer allerdings wirklich wissen will, was geschehen ist, der muß es schon wagen, den Schritt zu tun, den Thomas der Zweifler auch getan hat. Er ging zu den anderen Jüngern, die ihm, dem Auferstandenen, bereits begegnet waren. Und er konnte und wollte es einfach nicht glauben.

Aber dann stellte er sich. Er machte sich auf zum Kampfplatz. Er war bereit, diesem Herrn zu begegnen. Er wollte die durchlöcherten Hände Jesu fühlen, er wollte seine Hände in die aufgestochene Seite legen. Ja, das wollte er! Er wollte wissen, ob Jesus wirklich lebt! Und Jesus ging auf ihn ein. Er offenbarte sich. Er überwältigte den Thomas! Er wird denen begegnen, die ihn wirklich suchen.

Ich weiß nicht, wer Sie sind und was Sie wollen. Aber eines weiß ich: Wenn ein Mensch wissen will, ob dieser Jesus *die* Wahrheit und *das* Leben ist, dann wird er einen trotzigen Kampf führen. Er wird gegen seine bisherigen Ansichten, gegen das Gerede eines ganzen Jahrhunderts, gegen sein eigenes Denken, gegen eine gängige Theologie, gegen die ganze Sattheit eines Bürgertums, das tief in uns steckt, angehen, und er wird dieses wollen: „Herr, du auferstandener Herr, ich will, daß du dich mir offenbarst! Du lebst! Thomas hat dich gesehen und erfahren, Paulus ist dir begegnet, und du hast ihn erschüttert, nun begegne mir auch. Herr, ich will dich, komm und erbarme dich meiner!" Wer nach dem Geheimnis Christi sucht, muß ihn am leeren Grabe suchen. Wir haben es nicht mit einem großen Toten zu tun, sondern wir glauben einem großen und ewig Lebenden (unbekanntes Zitat). Wir rufen nicht in die Nacht des Weltalls hinein, aus dem niemals ein Wort herabfällt, sondern wir stehen in einem Kosmos, der von Jesus Christus durchwoben und durchlebt ist, und der einen ewigen Zugang zu allen Räumen und zu allen Zeiten hat. Wir müssen nicht mühsam über das ewige Leben nachdenken, sondern der Herr über Raum und Zeit und Ewigkeit, er denkt an uns, er „kennt auch dich und hat dich lieb!" Wir müssen nicht mehr über den dunklen Gang der Geschichte, über die Zukunft der Menschheit, über das Geheimnis des Bösen grübeln, so, als wenn wir hier letztlich zu lenken hätten, sondern Auferstehung Jesu bedeutet: Er hat die Vollmacht, die Geheimnisse zu durchschauen, die Rätsel der Geschichte zu lösen und den Kosmos der Vergänglichkeit zu verwandeln in einen neuen Himmel und eine neue Erde.

Dies alles liegt begründet in der Auferstehung Jesu von den Toten. Und es ist der Warnruf des Apostels an die Christenheit, an dieser Stelle genausowenig zu rütteln, wie an dem Geheimnis des Kreuzes, wenn er sagt: „Ist aber Jesus nicht auferstanden, so ist unsere Predigt vergeblich, so ist auch euer Glaube vergeblich, und so seid ihr noch in euren Sünden!" (1. Kor. 15, 14. 17).

Damit stehen wir nun vor der letzten Frage: Sind wir bereit, unsere Sachlichkeit und Leidenschaft von der wir vorhin als Voraussetzung sprachen, auf diesen Hinweis von Kreuz und Auferstehen zu konzentrieren? Wer jetzt noch stehenbleibt bei Randfragen wie „Die Kirche hat versagt!" oder „Ich kenne aber einige Widersprüche in der Bibel!" oder „Die Pastoren sind auch nicht besser als andere Menschen!", der bleibe, wo er will. Eines steht unabänderlich fest:

Jede Gewißheit der Christusvollmacht entsteht am leidenden und auferstandenen Herrn. Das ist sein Zeichen.

6. Die Gewißheit

Es bleibt für jeden von uns nur noch das eine zu tun: Wir setzen uns der Vollmacht dieses Herrn Jesus Christus aus. Wer Jesus will, der nehme ihn auf in sein Herz und liefere sich ihm ganz aus.

Die Tat von Golgatha ist nicht geschehen, um dort über alle möglichen Probleme zu reden, sondern um die Trennung zwischen Gott und Mensch aufzuheben. Anders formuliert kann man es auch so sagen: In der Vergebung durch Jesus Christus gewinnt der Mensch in seiner Geschichte wieder Anschluß an die Ewigkeit. Die Zerrissenheit und Ratlosigkeit, das sinnlose Dahintreiben und das gestaltlose Umherirren werden in dem Einswerden mit dem Ewigen aufgehoben. Und dies geschieht nur in der Vergebung durch Jesus Christus.

Nicht der Psychotherapeut hat die Macht, einen zerrissenen Menschen zu heilen, sondern die Vergebung durch den Herrn, der jede Anklage vor Gott und Mensch wirksam aufhebt und die innere Zerrissenheit vollkommen heilt.

Wenn Schuld nicht mehr Schuld genannt wird, dann wird auch keine Vergebung mehr gewollt. Wo aber die Vergebung zwischen Gott und Mensch nicht gewollt wird, gibt es auch keine Einheit zwischen der ewigen und der zeitlichen Wirklichkeit. Da muß der Mensch in seiner Einsamkeit bleiben, ganz gleich, unter welchem Vorzeichen.

Aber es ist eine seltsame und fast unheimliche Erfahrung, die jeder Mensch machen wird und machen muß: Nie glaubt der Mensch so wenig, als wenn er versucht seine Schuld nicht wahrhaben zu wollen. Je mehr er Schuld wegschiebt, je lauter er versucht, der Gesellschaft oder der Erziehung oder gar der Kirche die Schuld seines verpfuschten Lebens zuzuschreiben, desto ungewisser wird er, desto weniger kommt es zur Selbstfindung seiner Persönlichkeit.

Der Mensch ist eben nicht so, wie er sich gerne haben möchte, sondern seine Wirklichkeitsbezüge sind so, wie sie sind. Und es gilt: Wir sind angelegt auf Ewigkeit. Und wir kommen nicht eher zur Ruhe, als bis wir mit der Ewigkeit wieder eins sind. Dieses Einswerden aber geschieht durch die Vergebung, die nur an einer Stelle in der Welt zu haben ist: In Jesus Christus.

Die Begegnung mit diesem Herrn erwartet von dem Menschen die Ehrlichkeit. Und ehrlich werden ist die größte Freiheit, die ein Mensch erfahren kann. Sie lautet am Kreuz: „Herr, hier bin ich. Du mußt mich nicht mehr enträtseln. Du hast mein Menschsein durchgemacht. Ich bringe dir mein Leben, und ich will, daß du dich meiner erbarmst!"

Nie ist der Mensch kleiner, als in der Beugung vor Golgatha. Aber nie ist der Mensch wahrhaftiger, als in diesem Augenblick: Die Ausreden sind zu Ende. Die Flucht ist vorbei. Ein Mensch hat den Platz gefunden, wo alle Anklage von Menschen und Gott, vom Gewissen und aus der Tiefe des Irrtums ausgesprochen werden dürfen. Die Beichte, das ist das persönliche Bekennen seiner Lebenslast, sei es vor Gott oder, wenn man allein nicht zur Ruhe kommt, vor einem Menschen, diese Beichte ist die kleine niedrige Tür, durch die man nur gebückt hindurchkommt.

Aber gerade diese Stunde der Wahrheit unter dem Kreuz ist der Anfang einer großen Gewißheit. Nicht die Beichte, nicht das Bekennen meiner Schuld ist die Gewißheit, sondern das Wort Jesu auf dieses Bekenntnis hin macht gewiß. Wenn man die Zeugnisse aller Christen in einem Satz zusammenfassen würde, dann müßte er lauten: Ich bekannte ihm meine Schuld, und von da an lernte ich die Herrlichkeit Jesu Christi und ein neues Leben kennen!

Und es sei mir noch dieses Wort gestattet: Der Mensch kann es sich nicht leisten zu sagen, wer er ist. Er muß sich in seinem So-sein vor allen schützen.

Es ist mir oft so, als wenn Menschen mit nichts anderem beschäftigt wären, als sich selbst zu verhüllen, aber den anderen zu entdecken. Und jeder unter uns wird an dieser Stelle seine Erfahrungen haben.

In der Begegnung mit Jesus Christus vollzieht sich etwas total anderes: Er will nicht meine starken Seiten, er will nicht wissen, wo ich groß und erfolgreich bin. Er kommt in mein Leben und will dort sein Heil erweisen, wo ich mir selbst ein Rätsel und ein unverstandener Abgrund bin. Seine Ewigkeitsmacht setzt in der Verlorenheit an. Er beginnt voraussetzungslos. Er beginnt sein heilendes Werk an der Krankheit, am Ekel, am Entsetzen des Lebens. Er sucht das Verlorene, um es zu heilen!

Es bleibt dabei: Das Kreuz ist das Zeichen, an dem ein Mensch die Christusmacht erfahren wird. Diese Macht erweist sich in der Gewißheit der Vergebung unserer Schuld, setzt die Anklage des Gewissens aus und bindet einen Menschen an eine völlig neue Seinsweise. Man tritt aus der Einsamkeit heraus. Die Macht Jesu Christi setzt neue Ziele, neue Hoffnungen und gibt einen völlig neuen Blick für die Wirklichkeit dieser Welt.

Unsere Sache ist es, dieser rufenden Wahrheit willentlich nachzugehen. Seine Sache ist es, uns in die Wirklichkeit des Lebens mit ihm hineinzuziehen. Unsere Sache ist es, in das Sonnenlicht hineinzugehen; Sache der Sonne ist es, uns zu erwärmen und unsere Haut zu verwandeln.

Paulus schreibt im Römerbrief, Kapitel 8, 16: „Sein Geist gibt Zeugnis unserem Geist, daß wir Gottes Kinder sind" und in Vers 38: „Ich bin gewiß, daß weder Hohes noch Tiefes ... mich scheiden kann von der Liebe Gottes, die in Christus Jesus ist!" Diese

Gewißheit gibt er, der gekreuzigte und auferstandene Herr selbst!

7. Das heile Leben beginnt

Die Begegnung mit Jesus Christus ist überraschend. Das Wandern mit ihm ist es auch. Wer ein heiles Leben haben und behalten will, der muß wissen, daß es das nur in der Bindung an die Person Jesu gibt. Das heile Leben liegt nicht in uns, sondern im Heiland! Aller eigene fromme Hochmut und alles eigene Selbermachen wird hier als Unglauben entlarvt. Die größte Gefahr eines Menschen, der zur Vergebung und zur Gemeinschaft mit dem auferstandenen Herrn gekommen ist, besteht darin, daß er sich als erstes neue Verordnungen und Gesetze vorlegen läßt oder sogar selbst sucht und meint, wenn er nun in diesen neuen Gesetzen und Ordnungen, in Verboten und Geboten liefe, dann würde das Leben schon recht christlich laufen. Das ist zwar gut gemeint, aber es führt nur in den nächsten frommen Krampf, ins schlechte Gewissen und in den Verlust aller Freude.

Es gibt für den Christen eine Weisung, die immer und überall zum Leben führt. Ich habe in den Jahren meines Glaubenslebens, in guten und in schlechten Stunden, unter Brüdern wie unter Nichtchristen nie gehört, daß man über diese Weisung hinausgekommen ist. Und wo immer ein Mensch gesegnet wurde, wann immer ein Mensch besondere Wirkungen ausgelöst hat, da hatte er es damit zu tun, daß er dieser Weisung gefolgt ist. Sie lautet:

„Trachtet am ersten nach dem Reich Gottes und nach

seiner Gerechtigkeit, so wird euch solches alles zufallen!" (Matth. 6, 33)

Dieses Wort unseres Herrn ist wie ein Rezept. Und wenn heute auf allen möglichen Tagungen gesagt wird, daß es keine Rezepte geben dürfe, ja, daß es geradezu ein Zeichen intellektueller Redlichkeit sei, alles offenzulassen, dann muß dem eben schlicht und deutlich entgegengesetzt werden: Jesus war auf jeden Fall anderer Meinung! Er gab und gibt seinen Nachfolgern ein Rezept, das man einlösen kann, und wenn man dann die Medizin nimmt, auch erfahren wird, wie man heil und gesund wird.

Natürlich ist das für alle Welt eine Überraschung, aber was soll denn eine Welt auch sonst sein, als eben überrascht!

Ich werde jetzt in dem wenigen, was ich noch sagen möchte, nicht alle Probleme Ihres Lebens anreißen, um zu sagen, wie das nun als Christ neu auszusehen habe. Dazu sind viele, viele Gespräche und Überlegungen nötig. Ich möchte Ihnen jetzt nur in Thesenform anzeigen, wie die Weisung Jesu zu einem heilen Leben verwirklicht werden kann.

Formulieren wir es so:

Trachtet am ersten nach dem Reich Gottes, das heißt:

1. Lernen Sie ständig die Gestalt Jesu kennen. Lesen Sie das Neue Testament wieder und wieder. Schauen Sie sich an, wie Jesus gewirkt und gehandelt hat. Betrachten Sie sein Leiden und Sterben, sein Auferstehen und seine Wirkung im Heiligen Geist, wie es geschildert wird in der Apostelgeschichte, in den Briefen und in der Offenbarung.

Es gibt keine Hingabe an Jesus Christus, wenn man ihn nicht kennt. Man kann ihn aber nicht kennenlernen, wenn man sich nicht die Zeit nimmt, um in seinem Wort nach ihm zu suchen.

Denken Sie daran, daß er bei Ihnen ist, wenn Sie das Wort lesen. Er ist gegenwärtig, um Ihnen klarzumachen, wer er ist und was er schenkt und was er nimmt. Suchen Sie gemeinsam mit anderen Menschen die Größe und die Macht Jesu zu entdecken. Lesen Sie nicht die Bibel, um herauszubekommen, was wir Menschen alles falsch machen. Das ist sattsam bekannt und fällt uns genug auf; und wenn Gott uns besonders zurechtweisen will, wird er das schon tun. Wir sollten aber *IHN* kennenlernen wollen. Das heißt: Trachtet am ersten nach dem Reich Gottes, denn das Reich Gottes, die Herrschaft Gottes, das ist Jesus Christus selbst. Hier regiert Gott, hier regiert ewiges Leben. Hier erscheint gültiges Leben in Raum und Zeit.

2. Sie werden von diesem Herrn lernen, daß nicht Gott sich um uns dreht, sondern daß wir uns um Gott drehen sollen. Das heißt, daß der Mensch nicht im Mittelpunkt steht, sondern der Herr. Und diese Haltung ist gerade nicht menschenverachtend, sondern menschengemäß.

Der Mensch, der sich um sich selbst dreht, geht zugrunde. Sein Leben, seine Anlage und seine Last sind zu groß, als daß er es allein tragen könnte. Der Grund vieler Krankheiten liegt genau hier: Man versucht, mit sich selbst fertig zu werden, und man baut eine ganze Welt und auch Gott um sich her auf, damit sich alle mit einem befassen sollen. Aber genau dann wird der Mensch nicht heil. Das Gegenteil soll geschehen, und dazu befreit uns Jesus Christus: Er sorgt sich um uns, und er fordert uns auf, daß wir uns ihm anvertrauen, um seine Macht und seine Herrlichkeit zu erfahren. Diese Lösung von uns selbst ist ein Schritt zur Erlösung hin. Sie ist ja bereits auf Golgatha geschehen und muß von uns nur noch angenommen werden.

Dieser Vollzug geschieht im Lobgesang. Nehmen Sie sich des öfteren den Psalter und das Gesangbuch und singen Sie die alten Glaubenslieder. Laden Sie sich dazu Gäste ein, die mitsingen, oder gehen Sie mit Freunden einfach mal in eine Kirche und singen Sie eine Stunde. Es ist seltsam, aber tausendfach bestätigt: Das Leben wird freier, offener und freundlicher. Wir haben erfahren, wie Menschen, die wieder zum Leben kamen, auch nervlich wieder gesünder wurden. Lobgesang ist das „Zeichen", daß Gott wieder in der Mitte ist, daß ein Mensch dankbar wurde und daß er etwas zu preisen hat. Lobgesang gehört zu einem umgewandelten Menschen. Und wer Jesus Christus dankbar ist, der lebt die neue Gerechtigkeit.

3. Im Reich Gottes gilt ein einfaches aber ewiggültiges Gesetz: Alles braucht seine Zeit. Im Reiche Gottes wächst alles. Sie sind befreit, nicht mehr über Ihre Kräfte leben zu müssen. Sie müssen nicht mehr groß und bedeutend sein. Sie sind von Gott anerkannt, nicht weil Sie dies und dies und noch mehr tun, sondern weil Sie *da sind*. Sie müssen nicht heute schon schaffen, was Sie vielleicht erst in Jahren tun können. Es werden keine Frömmigkeitsübungen erwartet, die den Heiligen erst am Ende ihres Lebens möglich waren. Aber eines erwartet Ihr Herr: Daß Sie ihm Ihr Leben

anvertrauen und dies Tag für Tag tun, so wie sich ein Kind ständig der Liebe der Eltern anvertrauen wird. Wir wachsen nicht, weil wir das beschleunigen, sondern wir wachsen, weil unser Herr das will. Wir bekommen die Kraft, unseren Lebenskreis zu ordnen, zu gestalten und so einzurichten, daß wir die kleinen Dinge tun können. Wir müssen nichts Großes wollen, sondern wir können und sollen die kleinen Dinge groß tun. Eines Tages werden wir von selbst, ohne daß wir es merken, auch Größeres tun können, ohne daß wir dann noch von Größerem reden.

4. Es ist dem Geist Gottes gemäß, daß er einem Menschen geistige Einsichten geben will. Geistige Unordnung hat nichts mit einem heilen Leben zu tun. Es gibt manchen frommen Menschen, dessen Frömmigkeit nur bis ins Gefühl zu gehen scheint. Der Geist Gottes erreicht unseren Geist. Er will hier ordnen und Wege aufzeigen, die zur Erkenntnis der Wahrheit führen. Ich bitte Sie, daß Sie mich richtig verstehen: Nicht wir wollen geistige Erkenntnisse, sondern der Heilige Geist in uns will, daß wir diese Welt von Gott her erkennen lernen und daß wir in dieser Welt Gott kennenlernen.

Darum ist der Christ immer mit eingeschlossen in den Plan Gottes. Gott will, daß allen Menschen geholfen werde und sie zur Erkenntnis der Wahrheit kommen (1. Tim. 2, 4). Die Hilfe Gottes liegt also darin, daß wir seine Wahrheit erkennen.

Wir werden ein eigenes Studienprogramm in unseren Gemeinden und Kreisen entwickeln. Wir werden nachdenken und lernen, wir werden fragen, wann eine Gemeinde eine Gemeinde ist; welche Entscheidungen in welchen Situationen getroffen werden müssen, wir werden lernen, wie der Zusammenhang zwischen Leben und Ewigkeit aussieht, was Liebe und Sexualität mit Gott zu tun haben; wir werden fragen, was die Wissensgebiete, wie Philosophie, Medizin, Pädagogik, Physik, Philologie, Technik und was es immer auch geben mag, mit Jesus Christus zu tun haben. Wir werden daraufhin den Kolosserbrief neu entdecken müssen, und mir scheint, daß das, was bei Luther der Römerbrief war, daß das für uns heute, natürlich in der festen Bindung an den Römerbrief, die Aussage des Kolosserbriefes sein könnte. Der Geist Gottes will uns in alle Wahrheit leiten!

5. Wir hören heute von überall her, daß wir in der Welt Verantwortung zu tragen haben. Die Parolen klingen gut, aber es gilt für uns zu durchschauen, welche Antwort wir vor Gott für diese Welt zu geben haben! Diese Welt hat auf jeden Fall nicht das Recht, uns herumzukommandieren. Wir werden in unseren Gemeinden betend um Klarheit ringen müssen, welche Aufgaben Gott uns für unsere Zeit auferlegt. Dazu bedarf es einer Kenntnis des Auftrages Gottes und einer Kenntnis unserer Welt. Auf jeden Fall steht schon fest, daß nicht die Welt Gott einzuladen hat, daß ER bei ihr mitmacht, sondern daß Gott die Welt einlädt, daß sie bei ihm mitmacht. Diesem Grundgedanken werden wir folgen müssen. Unser Herr will uns das deutlich machen!

6. Wenn man nun fragt, wo heiles Leben beginnt und wo es aufhört, dann lassen Sie diesen Satz gelten: Das heile Leben beginnt bei unserem Herrn und endet auch bei ihm und was wir nach Leib, Seele und Geist mit ihm leben, aus seiner Hand, in seinem Geist, mit allen Anfechtungen, Niederlagen und Hoffnungen,

das ist heiles Leben. Und wenn die Aufgaben zu groß werden und die Kraft nicht ausreicht, dann verlassen Sie dann und wann auch einmal all die Arbeit und all die Mühe, gehen Sie in die Stille.

Jahrtausende kommen und Jahrtausende gehen, wir aber gehen unserer Heimat entgegen, und uns kommt unser Herr entgegen. Das Heimweh zur Ewigkeit macht nicht müde und schlapp, sondern mutig und froh. Unsere Sünde ist ihm geklagt, und wir wollen sie ihm und keinem anderen geben. Unsere Heimat aber ist uns versprochen, wir wollen sie uns und allen anderen gönnen.

7. Heiles Leben ist angefochtenes Leben: Wir werden immer wieder fallen, aber wir werden niemals aus seiner Hand herausfallen. Man kann uns tausend Fehler nachsagen, aber man kann unserem Herrn keine Untreue nachsagen. Wir glauben nicht mehr an uns und an die Menschen. Wir glauben an unseren Herrn, und darum können wir uns selbst und den Menschen wieder vertrauen und liebhaben. Wir müssen niemals den Gedanken denken, daß ER uns allein ließe, darum ist das Ende jeder Anfechtung nie die Verzweiflung, sondern der Lobgesang. Heiles Leben, das ist die Gewißheit, daß seine Treue größer ist als mein Versagen. Diese Andeutungen zum heilen Leben mögen genügen. Nun ist es Ihre Sache, den einen Schritt zu tun, der Ihnen aufgetragen ist, den einen Glauben zu wagen, der Ihnen zugemutet wird, den einen Gedanken zu denken, der Ihnen so überraschend war. Und lassen Sie sich von diesem Herrn umfangen, der Ihnen näher ist, als Sie denken können! Die Gegenwart Jesu macht das Leben wahrhaftig. Sie werden es erfahren, denn Jesus Christus „ist kommen, Grund ewiger Freuden!"

In der TELOS-Taschenbuchreihe erscheinen folgende Titel

In der TELOS-Taschenbuchreihe erscheinen folgende Titel